Thomas Knieriemen

Rechneraufbau am konkreten Beispiel

Aus dem Programm Informatik

R. Schaback
Grundlagen der Informatik für das Nebenfachstudium

G. Schäfer
Datenstrukturen und Datenbanken

K. Kilberth
Einführung in die Methode
des Jackson Structured Programming (JSP)

B. Bundschuh, P. Sokolowski
Rechnerstrukturen und Rechnerarchitekturen

W. Coy
Aufbau und Arbeitsweise von Rechenanlagen

W. Luther, M. Ohsmann
Mathematische Grundlagen der Computergraphik

P. Zamperoni
Methoden der digitalen Bildsignalverarbeitung

M. R. Genesereth, N. J. Nilsson
Logische Grundlagen der Künstlichen Intelligenz

D. Hofbauer, R. D. Kutsche
Grundlagen des maschinellen Beweisens

E. Börger
Berechenbarkeit, Komplexität, Logik

W. Bibel
Automated Theorem Proving

J. Dorn
Wissensbasierte Echtzeitplanung

Vieweg

Thomas Knieriemen

Rechneraufbau am konkreten Beispiel

Dargestellt anhand der
Macintosh II-Modellreihe

Mit einem Geleitwort
von Wolfgang Coy

Friedr. Vieweg & Sohn   Braunschweig/Wiesbaden

CIP-Titelaufnahme der Deutschen Bibliothek

Knieriemen, Thomas:
Rechneraufbau am konkreten Beispiel: dargestellt
anhand der Macintosh-II-Modellreihe / Thomas
Knieriemen. Mit e. Geleitw. von Wolfgang Coy. —
Braunschweig; Wiesbaden: Vieweg, 1989
    ISBN-13:978-3-528-04737-5   e-ISBN-13:978-3-322-84254-1
    DOI: 10.1007/978-3-322-84254-1

Die Herstellung dieses Manuskripts wurde unterstützt von:

VLSI Technology GmbH · München

Text, Tabellen und Grafiken wurden mit größter Sorgfalt erarbeitet. Der Autor und der Verlag können jedoch für eventuell verbleibende fehlerhafte Angaben und deren Folgen weder eine juristische Verantwortung noch irgendeine Haftung übernehmen.
Die in diesem Buch erwähnten Software- und Hardwarebezeichnungen sind in den meisten Fällen auch eingetragene Warenzeichen und unterliegen als solche den gesetzlichen Bestimmungen.

Der Verlag Vieweg ist ein Unternehmen der Verlagsgruppe Bertelsmann International.

Alle Rechte vorbehalten
© Friedr. Vieweg & Sohn Verlagsgesellschaft mbH, Braunschweig 1989

Das Werk einschließlich aller seiner Teile ist urheberrechtlich geschützt. Jede Verwertung außerhalb der engen Grenzen des Urheberrechtsgesetzes ist ohne Zustimmung des Verlags unzulässig und strafbar. Das gilt insbesondere für Vervielfältigungen, Übersetzungen, Mikroverfilmungen und die Einspeicherung und Verarbeitung in elektronischen Systemen.

ISBN-13:978-3-528-04737-5

Zum Geleit

«Assoziiert man Großrechner mit Pluto und der Unterwelt, so rufen Mikrocomputer die Vorstellung der Welt Apollos, des Lichts und der Leichtigkeit hervor, heiterer Individualität» (Jean Luc Gasset). Durchdacht konstruierte Rechnersysteme sind eine komplexe Kombination von Gerätetechnik, Betriebssystem und Anwendungsprogrammen; bei sehr guten Konstruktionen vergißt der Benutzer schnell, daß die nützlichen Anwendungen wie Textverarbeitungssysteme, Tabellenkalkulationsprogramme, CAD-Zeichenprogramme oder Desktop Publishing Systeme auf einem festen Fundament von Betriebssystem und Hardware laufen —Anwendungsprogramm und Rechner scheinen zu komplexen Werkzeugen zu verschmelzen, mit denen Arbeit erleichtert oder gar erst durchführbar wird. Bricht das Programm fehlerhaft zusammen, stellt sich schlagartig eine andere Bewußtseinsstufe ein: Der Rechner schaltet mit einer Fehlermeldung um auf den Betriebssystemkern oder er bleibt gar in undefiniertem Zustand "hängen". Das Betriebssystem des Macintosh wirft dann mit Bomben und erklärt den Fehler kryptisch durch ID=2 oder eine andere magische Zahl. Spätestens zu diesem Zeitpunkt dämmert dem Nutzer, daß Informatiker nicht nur an den Anwender denken, sondern auch die Innereien der Rechner gestalten müssen.

Üblicherweise geschieht die Informatikerausbildung zu Rechnerorganisation und Rechnerarchitektur in über die Jahrzehnte kodifizierten Formen, die die Besonderheiten konkreter Rechner kaum berücksichtigen. Zu einer Zeit, als jeder Großrechner noch ein Einzelstück war, mag die Abstraktion nützlich und hilfreich gewesen sein. Doch tragischerweise leiden einige der Bücher dadurch an einem Phänomen, das schon Georg Lichtenberg um 1797 beschrieben hat. "Ein etwas vorschnippischer Philosoph, ich glaube Prinz Hamlet von Dänemark hat gesagt: es gebe eine Menge Dinge im Himmel und auf der Erde, wovon nichts in unsern Compendiis steht. Hat der einfältige Mensch, der bekanntlich nicht recht bei Trost war, damit auf unsere Compendia der Physik gestichelt, so kann man ihm getrost antworten: gut, aber dafür stehn aber auch wieder eine Menge von Dingen in unsern Compendiis wovon weder im Himmel noch auf der Erde etwas vorkömmt. "Was im vorliegenden Kompendium steht, kommt auf der Erde wirklich vor: in den Millionen Macintosh-Rechnern, die "for the rest of us" so konstruiert sind, daß man keine tiefen Betriebssystem- oder Hardware-Kenntnisse benötigt, um bequem damit arbeiten zu können. Doch es schadet bestimmt nicht, etwas mehr über die materielle Grundlage dieser Maschinen zu wissen. Und: Nichts hilft dem theoretischen Verständnis so sehr wie eine gute praktische Anschauung. In diesem Sinne ist das vorliegende Buch für Informatiker und technisch Interessierte eine hervorragende Ergänzung der zahlreichen theoretisch orientierten Lehrbücher zur Rechnerarchitektur.

Möge das Buch Informatikern helfen, ihre abstrakten Hardware-Kenntnisse, die sie aus ihrer Ausbildung haben, am konkreten Beispiel einer gelungenen Gerätefamilie zu verifizieren und zu erweitern. Möge es den Nutzern der Macintoshs helfen, die Arbeitsweise ihrer Geräte über ihre Lieblingsanwendungen hinaus besser zu durchschauen. Den kühnen Avantgardisten, die die Hardware erweitern oder gar verändern wollen, sei es empfohlen, zum Verständnis der grundlegenden Konzepte der Mac-Hardware dieses Buch als hervorragende Ergänzung des offiziellen Apple-Kochbuchs "Macintosh Family Hardware Reference" zu nutzen.

Bremen, 30.7.89   Wolfgang Coy

"DSACK"

Normalerweise sind diese Zeilen unter der Überschrift ´Danksagung´ bzw. im Englischen unter ´Acknowledgment´ zu finden. Ich habe "DSACK" gewählt, weil ich damit drei Aspekte assoziieren möchte:

- einen Bezug zum Inhalt dieses Buches: die Funktion des DSACK-Signals wird in Abschnitt 4.3 vorgestellt;
- einen Hinweis auf das Abkürzungs-Latein des Informatikers - auch in diesem Buch konnten Abkürzungen leider nicht vermieden werden;
- einen Ausblick auf die folgenden Zeilen: DSACK steht hier als Akronym für Danksagung und Acknowledgment.

Die Idee und die Skript-Version dieses Buches sind im Rahmen der Übungen zur Vorlesung ´Rechnerorganisation´ entstanden. Diese Lehrveranstaltung ist Bestandteil des Grundstudiums Informatik der Universität Kaiserslautern. Sie wird von Prof. Dr. Ewald von Puttkamer gehalten, dem ich für zahlreiche Diskussionen und Anregungen danke. Mein Dank gilt auch den studentischen Mitarbeitern Gerhard Horz, Gerhard Weiß und Uwe Zimmer, die mich im Sommersemester ´88 bzw. ´89 bei der Betreuung der Übungsstunden maßgeblich unterstützt haben.

Ein Geleitwort, das ohne Absprache genau die Intention des Autors beschreibt, grenzt an ein Wunder, das sich aber in diesem Falle ereignet hat. Dafür möchte ich Prof. Dr. Wolfgang Coy herzlich danken.

Die unbürokratische Unterstützung der Firma VLSI Technology GmbH und die freundliche Genehmigung zur Übernahme des Bildmaterials durch die Firma Apple Computer GmbH haben wesentlich zur Herstellung dieser Arbeit beigetragen. Hierbei ist insbesondere auch die kooperative Zusammenarbeit mit Uwe Falck, Entwicklungsunterstützung Apple Computer GmbH, zu erwähnen.

Schließlich möchte ich mich bei allen Freunden und Kollegen bedanken, die mir bei der Korrektur des Manuskripts geholfen und mich in der Arbeit unterstützt haben.

Kaiserslautern, im Sommer 1989   Thomas Knieriemen

8

Inhalt

	Seite
Zum Geleit	5
"DSACK"	7

1 : Einleitung — 13
  1.1 Zielsetzung und Strategie — 13
  1.2 Inhaltlicher Aufbau — 14

2 : Computersysteme im Überblick — 15
  2.1 Grundlagen — 15
  2.2 Einordnung und Spezifikation — 17
  2.3 Übungen — 18

3 : Bestandteile des Computersystems — 19
  3.1 Grundlagen — 19
  3.2 Hardware-Einheiten — 21
    3.2.1 Konfiguration der Basiseinheit — 22
    3.2.2 Anschluß der peripheren Einheiten — 22
  3.3 Software-Architektur — 24
    3.3.1 User Interface Toolbox — 26
    3.3.2 Betriebssystem — 28
  3.4 Übungen — 29

Seite	
31	**4 : Systemkern - Die Hauptplatine**
31	**4.1 Grundlagen**
32	**4.2 Organisationsstruktur der Hauptplatine**
37	**4.3 Prozessor / Coprozessor**
38	4.3.1 68 020 - Prozessor
	Architektur
	Mikrocode
	Befehlsabarbeitung
	Leistungsmerkmale
	Registersatz
	Programmierung
	Signalleitungen
	Busstruktur und Buszyklen
	Coprozessor-Schnittstelle
53	4.3.2 68 881 - Floating Point Coprozessor
55	**4.4 Speicherorganisation**
56	4.4.1 Speicherverwaltung
	AMU - Address Mapping Unit
	PMMU - Paged Memory Management Unit
59	4.4.2 Hauptspeicher
	RAM-Bereich
	ROM-Bereich
64	**4.5 Schnittstellen-Bausteine**
66	4.5.1 VIA - Versatile Interface Adapter
69	4.5.2 SCC - Serial Communication Controller
71	4.5.3 SCSI - Small Computer System Interface
73	**4.6 Spezial-Bausteine**
73	4.6.1 ASIC-Entwurf
76	4.6.2 Beispiele
	ASC - Apple Sound Chip
	IWM - Integrated Woz Machine
	GLUE - General Logic Unit
78	**4.7 Bussysteme**
79	4.7.1 ADB - Apple Desktop Bus
81	4.7.2 SCSI - Bus
83	**4.8 NuBus-Systemerweiterung**
83	4.8.1 Standard-NuBus
87	4.8.2 Apple-NuBus
90	4.8.3 Erweiterungskarten
91	**4.9 Übungen**

	Seite

5 : Peripherieeinheiten des Systems — 93

   5.1 Grundlagen — 93

   5.2 Eingabeperipherie — 95
      5.2.1 Tastatur — 95
      5.2.2 Maus — 97

   5.3 Ausgabeperipherie — 98
      5.3.1 Videosystem — 98
            Grafikkarte
            Monitor
      5.3.2 Drucker — 103
            Nadeldrucker
            Laserdrucker

   5.4 Speicherperipherie — 107
      5.4.1 Magnetische Speichermedien — 107
            Diskettenlaufwerke
            Festplatten
      5.4.2 Optische Speichermedien — 112

   5.5 Kommunikationsperipherie — 113
      5.5.1 AppleTalk - Netzwerk — 116
      5.5.2 MS-DOS - Verbindung — 121
      5.5.3 Ethernet - Anschluß — 122

   5.6 Übungen — 123

6 : Neuentwicklungen — 125

   6.1 Prozessoren — 125
         MC 68 030
         MC 68 040

   6.2 Computersysteme — 129

Anhang

A: Entwicklungsgeschichte des Macintosh — 137
B: Lösungen ausgewählter Übungsaufgaben — 139
C: Literaturverzeichnis — 145
D: Verzeichnis der Grafiken, Bilder und Tabellen — 147
E: Verzeichnis der Abkürzungen und Akronyme — 151
F: Sachwortverzeichnis — 155

1 : Einleitung

Dieses Kapitel beschreibt die prinzipielle Zielsetzung und den inhaltlichen Aufbau des vorliegenden Buches.

1.1 Zielsetzung und Strategie

Mit diesem Buch soll das grundsätzliche Verständnis für den Systemaufbau eines Computers vermittelt werden. Dazu ist es erforderlich, insbesondere die Funktion und Arbeitsweise der Hardware-Komponenten sowie deren Verbindungsstruktur zu erläutern. Soweit es zum Verständnis der Systemarchitektur beiträgt, wird auch auf die Software-Komponenten eingegangen.

Der gewählte Ansatz ist dabei nicht auf die detaillierte Betrachtung sämtlicher Konzepte der Rechnerarchitektur ausgerichtet. Vielmehr werden die Komponenten und Konzepte des Systemaufbaus exemplarisch an einem konkreten Beispiel erläutert. Die Perspektive dieses Ansatzes besteht darin, daß aufbauend auf dem Verständnis eines Konzeptes, alternative oder ergänzende Konzeptionen leicht erlernbar sind.

Neben dieser 'Lernen am Beispiel'-Strategie sollen auch die hierarchische Darstellung des Inhalts ('Top-down'- Systembeschreibung) und eine Vielzahl von Grafiken das Verständnis erleichtern. Weiterhin wird durch entsprechendes Bildmaterial der Bezug zur Realität hergestellt. Mit Hilfe einer zusätzlichen Visualisierungssoftware (Hypercard-Stack /b.8/) können die Grafiken und Abbildungen in eine direkte Beziehung zueinander gebracht werden. Damit steht ergänzend zur sequentiellen Darstellung des Buches eine interaktive Beschreibung des Kerninhalts zur Verfügung.

Für die Wahl des Mac-II (Macintosh II; vgl. Anhang A) als Demonstrationsbeispiel waren mehrere Gründe ausschlaggebend:

• Das System ist im Bereich der Personal Computer und Workstations einzuordnen. Dieser Bereich bringt bzgl. Systemkomplexität und Verbreitungsgrad gute Voraussetzungen für die Wahl eines Demonstrationsbeispiels.

• Der Hardware-Aufbau des Mac-II ist vielseitig ausgelegt und enthält beispielsweise mehrere Bus- und Schnittstellensysteme, die unterschiedliche Konzepte realisieren und damit eine umfassende Darstellung ermöglichen.

- Die einfache und einheitliche Bedienung verschiedener Anwendungsprogramme mit Hilfe einer standardisierten graphischen Benutzeroberfläche wurde erstmals durch den Macintosh verbreitet. Die Grundelemente dieser Technik sind in Hard- und Software verankert und können somit in die Beschreibung einbezogen werden.

- Die schnell fortschreitende Entwicklung auf dem Gebiet der Computertechnik stellt ein Problem bei der Betrachtung eines realen Computersystems dar: der Bezug zur Aktualität des Demonstrationsbeispiels geht im allgemeinen relativ rasch verloren. Dieses Problem konnte durch die Wahl des Macintosh II möglichst gering gehalten werden, da dessen Systemaufbau langfristig ausgelegt ist und im wesentlichen auch bei neueren Modellvarianten beibehalten wurde.

Entsprechend der skizzierten Zielsetzung bietet dieses Buch sowohl eine praxisnahe und anschauliche Einführung in das Gebiet des Rechneraufbaus, als auch eine Ergänzung und Vertiefung der Standardwerke.

1.2 Inhaltlicher Aufbau

Der inhaltliche Aufbau des Buches entspricht einer 'Top-down'-Systembeschreibung. Dabei wird das Beispielsystem erst als Ganzes betrachtet und dann schrittweise in Komponenten aufgeteilt und vorgestellt. Grafik 1-1 zeigt die hierarchische Zerlegung eines Mikrocomputersystems mit der hier vorgenommenen Zuordnung der einzelnen Kapitel.

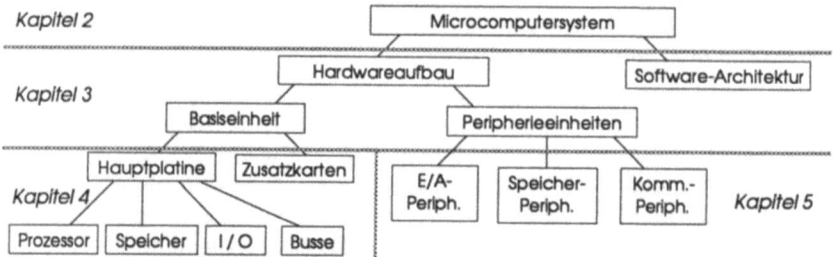

Grafik 1-1: 'Top-down'-Systembeschreibung eines Mikrocomputers

Mit dieser Gliederungsstruktur wird in den Kapiteln 2 bis 5 der Rechneraufbau am Beispiel des Macintosh II präsentiert. Diese Kapitel werden jeweils durch einen Grundlagenabschnitt am Anfang und Übungsaufgaben am Ende ergänzt. Die Grundlagenabschnitte geben eine allgemeine Kurzbeschreibung zum Inhalt des entsprechenden Kapitels und stellen damit eine Verständnisbrücke zu Standardwerken (/a.1/ - /a.8/) her.

Im folgenden Kapitel 6 werden einige Neuentwicklungen im Bereich der Prozessorarchitektur und zwei aktuelle Modellvarianten des Demonstrationsbeispiels charakterisiert.

Bei der sprachlichen Gestaltung des Buches wurde bewußt eine Art 'Computer-Deutsch' verwendet, um problematische Eindeutschungen zu vermeiden und die zweisprachige Fachterminologie zu unterstützen.

2 : Computersysteme im Überblick

In diesem Kapitel wird das Demonstrationsbeispiel als Gesamtsystem dargestellt, spezifiziert und der entsprechenden Computer-Kategorie zugeordnet.

2.1 Grundlagen

Bei der Klassifikation eines Computersystems nach Leistungsfähigkeit sind mehrere Kriterien zu berücksichtigen. Die Verarbeitungsgeschwindigkeit wird mit Hilfe von sogenannten Benchmark-Tests (spezielle Bewertungsprogramme) beurteilt. Dabei wird auf den zu bewertenden Computern die Rechenzeit gemessen, die diese zur Ausführung eines Bewertungsprogramms benötigen. Für einen einzelnen Computer kann damit zwar die MIPS - und die MFLOPS - Kenngröße (Million Instructions per Second bzw. Million Floating-Point Operations per Second) genau ermittelt werden, jedoch bieten diese Ergebnisse kein objektives Vergleichsmaß, da je nach Computersystem verschiedene Aufgaben unterschiedlich gut bearbeitet werden. Weitere Kriterien zur Bewertung der Hardware sind z.B. die Größe des Hauptspeichers, der Umfang des Befehlsvorrates und die Ausstattung bzw. Anschlußmöglichkeit der Peripherie.

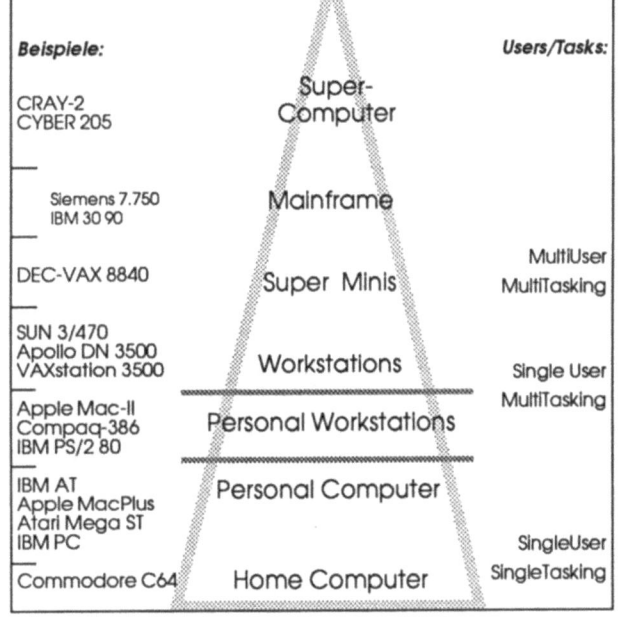

Grafik 2-1: Computer - Klassifikation

Eine Klassifikation nach Leistungfähigkeit wird zusätzlich dadurch erschwert, daß die Grenzen und Begriffe der einzelnen Kategorien nicht genau definiert sind. Für die Abgrenzung der verschiedenen Computertypen gibt es keine allgemein anerkannte Systematisierung. Die hier vorgestellte Klassifikation sollte deshalb nur als möglicher Ansatz betrachtet werden. Grafik 2-1 zeigt das Klassifikationsschema, bei dem die Leistungsfähigkeit bzw. die Anschaffungskosten in etwa der Höhe und die Anzahl der produzierten bzw. verkauften Systeme ungefähr der Breite der hinterlegten Dreiecksstruktur entsprechen. Zu jeder Klasse sind typische Computersysteme angegeben, die mehr oder weniger zufällig aus dem Gesamtangebot ausgewählt und angeordnet wurden.

Als weiteres Leistungskriterium muß das Softwareangebot betrachtet werden, das für ein bestimmtes Computersystem zur Verfügung steht. Dabei ist außer der Anwendungssoftware insbesondere das Betriebssystem zu berücksichtigen, das typischerweise auf dem Rechnertyp eingesetzt wird. Für das Betriebssystem ist unter anderem die Anzahl von Benutzern und Aufgaben (Users/Tasks) kennzeichnend, die zu einem Zeitpunkt von diesem verwaltet werden können. Grafik 2-1 gibt eine Einteilung, die jedoch nicht den einzelnen Klassen, sondern ungefähr den Bereichen zuzuordnen ist. Die Grenzen sind fließend, und üblicherweise können neben dem herstellereigenen Betriebssystem auch andere, meist herstellerunabhängige Betriebssysteme (z.B. UNIX) eingesetzt werden.

Unter dem Begriff Mikrocomputer können verschiedene Leistungsklassen zusammengefaßt werden. Hauptsächlich wird mit diesem Begriff die Klasse der Personal Computer (PC) assoziiert. Jedoch kann ein System grundsätzlich dann als Mikrocomputer bezeichnet werden, wenn es auf Basis von einem zentralen Mikroprozessor (vgl. Abschnitt 4.3) aufgebaut ist. Damit können die meisten Computersysteme aus dem Spektrum vom Homecomputer bis zur Workstation als Mikrocomputer bezeichnet werden.

Aus diesem Spektrum soll hier lediglich der Bereich zwischen Personal Computer und Workstation näher betrachtet werden. In diesen Bereich sind Computersysteme einzuordnen, die wie PCs und Workstations als eigenständig arbeitende Systeme mit separaten Einheiten für die Ein-/Ausgabe und die Verarbeitung konzipiert sind. PCs und Workstations unterscheiden sich im wesentlichen durch ihre Leistungsfähigkeit (vgl. Tabelle 2-1), wobei die Lücke zwischen beiden Systemen durch sogenannte Personal Workstations geschlossen wird. Diese werden typischerweise am Arbeitsplatz eingesetzt (Arbeitsplatzrechner) und bestehen mindestens aus Basiseinheit, Tastatur und Monitor. Je nach Compu-

	Personal Computer	Workstations
Prozessor	16- oder 32-Bit	32-Bit
Durchsatz	< 1 MIPS	> 3 MIPS
Hauptspeicherkapazität	0,5 - 2 MB	> 2 MB
Massenspeicherkapazität	1 - 40 MB	> 40 MB
Grafikauflösung	ca. 300 000 Pixel	> 1 Mill. Pixel
Netzwerkanschluß (DÜ-Rate)	teilweise (0,2 - 1 MBit/s)	vorhanden (ca. 10 MBit/s)
Betriebssystem	Single-Tasking	Multi-Tasking

Tabelle 2-1: Personal Computer vs. Workstations

tersystem und Konfiguration können weitere Funktionseinheiten wie Maus und Drucker angeschlossen sein. In der Basiseinheit sind primär Komponenten zur Steuerung, Verarbeitung und Speicherung enthalten.

Die einzelnen Kennzeichen und Leistungsmerkmale einer Personal Workstation werden im folgenden am Beispiel der Mac-II Modellreihe weiter erläutert.

2.2 Einordnung und Spezifikation

Beim Design des Macintosh II (Bild 2-1) wurde die für Personal Computer bzw. Workstations typische Konfiguration mit separaten Einheiten gewählt. Im Vergleich zur geschlossenen Systemarchitektur der Vorgängermodelle (z.B. MacPlus; vgl. Anhang A) kann damit je nach Einsatzaufgabe eine individuelle Systemkonfiguration zusammengestellt werden. Beispielsweise lassen sich verschiedene Monitortypen von unterschiedlichen Herstellern anschließen.

Nicht nur beim Systemdesign, sondern auch bei der Hardware wurden wesentliche Veränderungen gegenüber dem MacPlus vorgenommen: mit dem Mikroprozessor MC 68 020 von Motorola wird ein echter 32-Bit-Prozessor eingesetzt, der standardmäßig durch den Arithmetik-Coprozessor MC 68 881 unterstützt wird. Weiterhin wurde beim Mac-II das Konzept der offenen Systemarchitektur realisiert. Dazu wurde der von Texas Instruments entwickelte prozessorunabhängige 32-Bit-NuBus als Erweiterungsbus mit 6 Steckplätzen (Slots) implementiert. Somit läßt sich das System beispielsweise mit Coprozessor-, Netzwerk- oder Speicherkarten erweitern, wobei jede Karte die Kontrolle über das Gesamtsystem übernehmen kann. In Tabelle 2-2 sind die Leistungsmerkmale des Mac-II zusammengefaßt, die eine Einordnung des Systems als Personal Workstation nahelegen (vgl. Tabelle 2-1).

Bild 2-1: Macintosh II - Computersystem

	Macintosh II
Prozessor	32-Bit
Durchsatz	ca. 2,5 MIPS
Hauptspeicherkapazität	> 1 MB
Massenspeicherkapazität	> 40 MB
Grafikauflösung	> 300 000 Pixel
Netzwerkanschluß (DÜ-Rate)	AppleTalk (230,4 KBit/s)
Betriebssystem	Single-Tasking (Multi-Tasking mögl.)

Tabelle 2-2: Spezifikation des Mac-II

2.3 Übungen

Aufgabe 2-1: Nach welchen Kriterien kann die Leistungsfähigkeit eines Rechnersystems beurteilt werden? Betrachten Sie sowohl Hardware- als auch Software-Merkmale.

Aufgabe 2-2: In welche Kategorie ist ein Computersystem einzuordnen, das durch folgende ´5 M´-Merkmale charakterisiert wird: 1 MIPS, 1 Million Pixel, 1 MB Hauptspeicher, 1 MBit/s DÜ-Rate und Multi-Tasking Betriebssystem?

Aufgabe 2-3: Stellen Sie die Leistungsmerkmale von Computersystemen zusammen, die Ihnen entweder zugänglich sind oder über deren Datenblätter Sie verfügen. Führen Sie eine entsprechende Einordnung durch.

3 : Bestandteile des Computersystems

Der prinzipielle Aufbau eines Computersystems wird in diesem Kapitel vorgestellt. Dabei werden die Hauptbestandteile aus Hard- und aus Softwaresicht betrachtet. Die Beschreibung der Softwareseite ist im wesentlichen auf dieses Kapitel beschränkt. Hingegen werden die Funktionseinheiten der Hardware in den anschließenden Kapiteln detailliert behandelt.

3.1 Grundlagen

Grundsätzlich ist ein Computersystem aus Hard- und Softwarekomponenten aufgebaut. Aus der Sicht des Benutzers stellen beide Teilsysteme eine mehrstufige Hierarchie dar (Grafik 3-1). Je nach Einsatzfunktion des Computers (Anwendung, Programmentwicklung, Hardwareanpassung etc.), muß der Benutzer mit unterschiedlichen Schichten des Systems vertraut sein.

Die Softwareseite umfaßt alle Programme, die auf der Hardware ausgeführt werden. Dieser immaterielle Teil des Computersystems wird in Anwendungs- und Systemprogramme unterteilt. Durch die Anwendungssoftware werden technische oder kommerzielle Problemstellungen implementiert, die der Anwender unmittelbar zur Bearbeitung von speziellen Aufgaben einsetzt (z.B. Finanzbuchhaltung, Lagerverwaltung, Datenbanken, DTP und CAD). Zur Systemsoftware zählen alle Programme, die für den korrekten Ablauf einer Rechenanlage erforderlich sind (Betriebssystem, Dienstprogramme, Treiber). Software, die zur Programmentwicklung eingesetzt wird (Editor, Compiler, Debugger etc.), läßt sich als spezielle Anwendungssoftware einordnen.

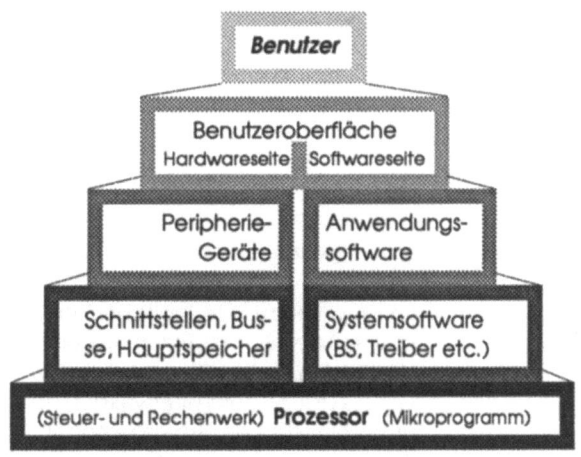

Grafik 3-1: Schichtenmodell eines Computersystems

Die Hardwareseite enthält alle materiellen Komponenten. Diese können als separate Einheiten (Monitor, Tastatur, Basiseinheit etc.), logische Gruppen (Zentraleinheit, Speichersystem etc.) und einzelne Elemente (Bausteine, Leitungen, Stecker etc.) betrachtet werden.

Die Verarbeitung von Informationen erfolgt durch einen zentralen Prozessor (CPU - Central Processing Unit). Die CPU besteht aus einem Steuerwerk, das den Programmablauf steuert, und einem Rechenwerk, das die Information verarbeitet. Bei einem Mikroprozessor wird das Steuerwerk durch ein Mikroprogramm realisiert. Alle weiteren Hardwarekomponenten können in einem Schalenmodell um den zentralen Prozessor angeordnet werden (Grafik 3-2).

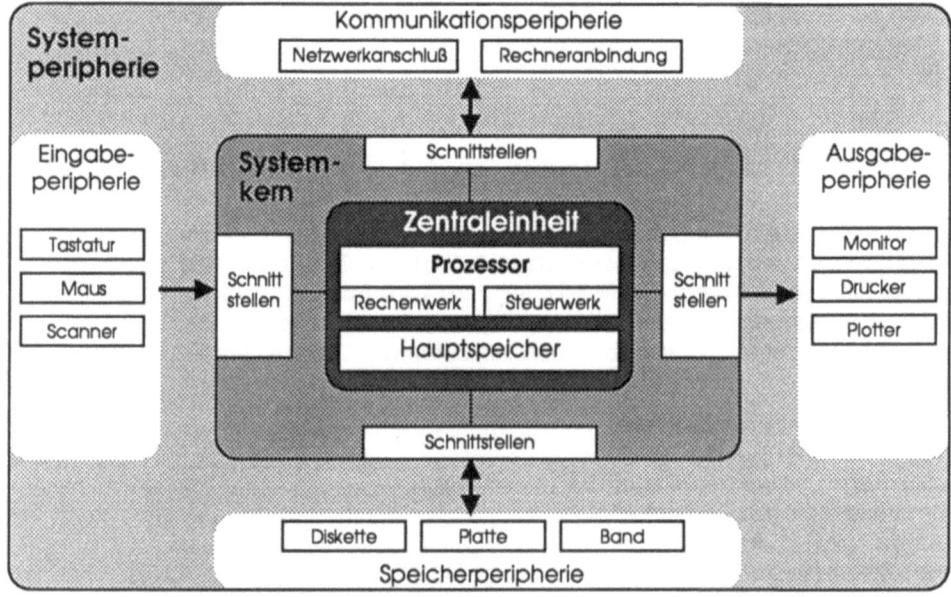

Grafik 3-2: Hardwarestruktur eines Mikrocomputers

Im Systemkern ist die logische Zentraleinheit aus Prozessor und Hauptspeicher mit den Schnittstellen verbunden. Diese Funktionseinheit kann durch den Benutzer nicht verändert werden. Möglich sind jedoch Ergänzungen, wie die Hauptspeichererweiterung oder der Einbau von Coprozessoren, um unterschiedlichen Anforderungen gerecht werden zu können. Der Systemkern ist mit Geräten der Systemperipherie verbunden, die u.a. für die Kommunikation mit dem Anwender (Ein-/Ausgabeperipherie) erforderlich sind.

Die Schnittstellen des Systemkerns sind ein wesentliches Kennzeichen der offenen Systemarchitektur. Damit kann je nach Einsatzaufgabe eine entsprechende Konfiguration des Computersystems, d.h. die anwenderspezifische Ergänzung des Systemkerns und Ausstattung der Systemperi-

Hardware-Einheiten

pherie, zusammengestellt werden. Weiterhin wird durch die Spezifikation und Standardisierung der Schnittstellen die Entwicklung von Funktionseinheiten durch Fremdhersteller (Third Party Products) ermöglicht.

Die folgenden Abschnitte stellen die Systemarchitektur des Mac-II vor. Dabei wird zuerst die Hardware- und dann die Softwareseite betrachtet.

3.2 Hardware-Einheiten

Die für Personal Computer und Workstations typische Struktur mit separaten Einheiten für Ein-, Ausgabe und Verarbeitung kennzeichnet auch den Systemaufbau des Mac-II. Die elementaren Funktionseinheiten des Mac-II sind die Tastatur, die Maus, der Monitor und die Basiseinheit (teilweise auch als Systemeinheit bezeichnet).

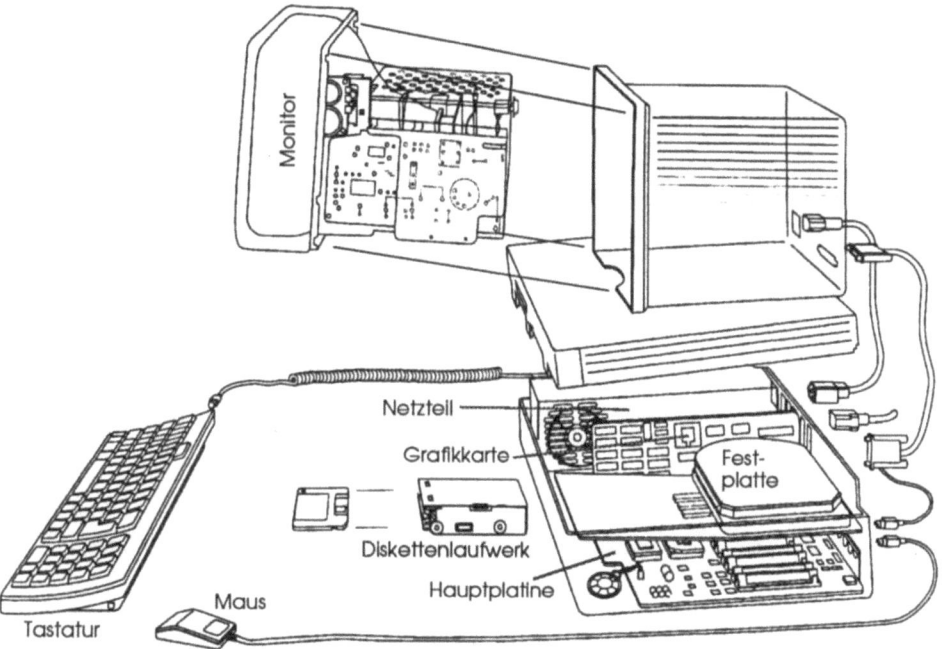

Grafik 3-3: Komponenten des Mac-II Computersystems

Neben diesen Grundeinheiten zeigt die Explosionszeichnung des Mac-II (Grafik 3-3) den Aufbau und die Hauptbestandteile der Basiseinheit mit Hauptplatine, Diskettenlaufwerk, Festplatte, Grafikkarte und Netzteil.

3.2.1 Konfiguration der Basiseinheit

Im Gegensatz zu Tastatur, Maus und Monitor, die man auch als periphere Ein- bzw. Ausgabegeräte bezeichnet, stellt die Basiseinheit das Kernstück des Mac-II - Computersystems dar. Die Minimalkonfiguration der Basiseinheit enthält die Hauptplatine, das Netzteil und ein 3,5"-Diskettenlaufwerk. Als zusätzliche Massenspeicher können ein zweites Diskettenlaufwerk und eine Festplatte (z.B. 20-, 40-, oder 80-MByte) eingebaut werden. Diese Speichermedien werden über die internen Schnittstellen mit der Hauptplatine verbunden. Weiterhin können über die NuBus-Schnittstelle bis zu sechs Erweiterungskarten installiert werden, unter denen mindestens eine Grafikkarte sein muß, da die Minimalkonfiguration über keinen Videoausgang verfügt. Bild 3-1 zeigt einen Blick in die Basiseinheit mit Netzteil, Festplatte, Diskettenlaufwerk und Grafikkarte. Die darunter liegende Hauptplatine ist nur teilweise zu sehen.

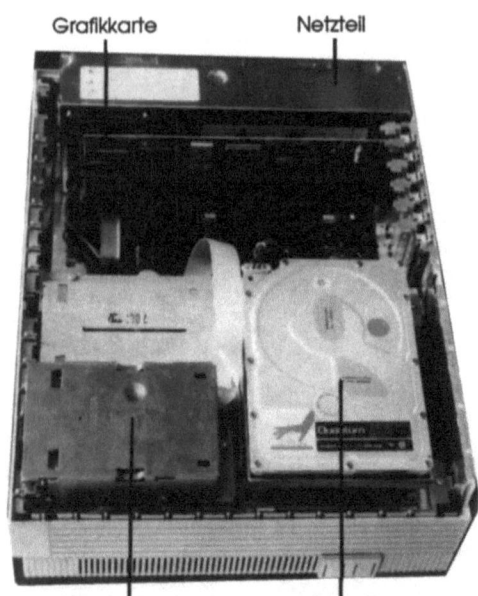

Bild 3-1: Aufbau der Basiseinheit

Das Netzteil arbeitet selbstkonfigurierend für Eingangsspannungen im Bereich von 90 - 140 Volt bzw. 170 - 270 Volt und für eine Netzfrequenz zwischen 48 und 62 Hertz.

Auf der Hauptplatine sind die Bausteine und Schnittstellen des Systemkerns angeordnet. Die Hauptplatine wird in Kapitel 4 beschrieben; das Diskettenlaufwerk und die Festplatte in Kapitel 5.

3.2.2 Anschluß der peripheren Einheiten

Externe Peripheriegeräte können entweder über die Standardschnittstellen oder über zusätzliche Schnittstellenkarten angeschlossen werden. Beim Mac-II werden standardmäßig 6 externe Schnittstellen (Ports) von der Hauptplatine bereitgestellt:

- 1 Audio-Port (Stereo-Kopfhörer oder Verstärker)
- 2 ADB-Ports (Apple Desktop Bus) für Tastatur, Maus und weitere langsame Eingabegeräte
- 2 serielle Ports (Drucker, Modem, LocalTalk-Netzwerk etc.)
- 1 paralleler SCSI-Port (Festplatte, Streamer, CD-ROM etc.)

Hardware-Einheiten 23

Die Anschlußstecker dieser Schnittstellen sind auf der Rückseite der Basiseinheit installiert (Bild 3-2). Weiterhin befinden sich dort die Anschlüsse der Erweiterungskarten, die Stecker für den Netzanschluß und der Netzschalter.

Bild 3-2: Externe Schnittstellen

Dieser Schalter wird im Normalfall nicht benötigt, weil das System über die Tastatur gestartet und per Softwaremenü ausgeschaltet werden kann. Grafik 3-4 zeigt die externen Anschlüsse der Basiseinheit, die exemplarisch mit typischen Peripheriegeräten verbunden sind.

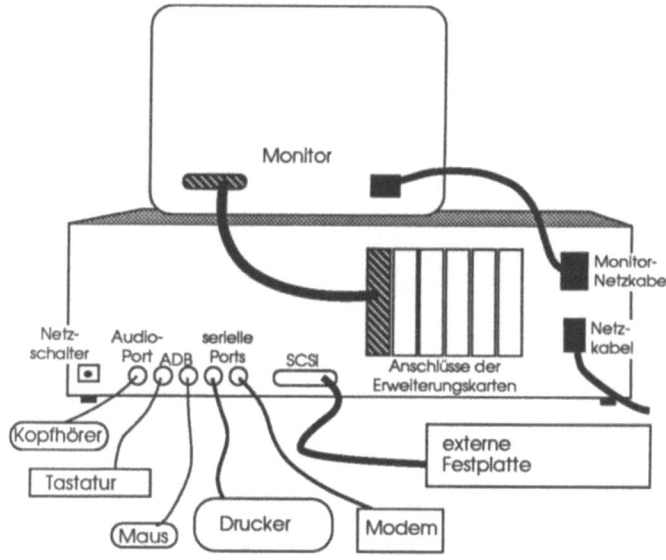

Grafik 3-4: Externe Schnittstellen mit Peripherieverbindung

Nach diesem Hardware-Überblick wird im folgenden Abschnitt die Software-Architektur der Macintosh-Systeme skizziert. Dabei wird insbesondere die Systemsoftware mit den Toolbox- und Betriebssystem-Routinen betrachtet.

3.3 Software-Architektur

Ein wesentliches Kennzeichen der Macintosh-Computer ist die einheitliche Benutzerführung bei unterschiedlichen Anwenderprogrammen (Texteditor, Grafikeditor, Datenbankprogramm, Tabellenkalkulation, etc.). Dies leistet eine "Im ROM eingebaute Benutzerschnittstelle". Damit ist gemeint, daß die Anwenderprogramme Systemroutinen verwenden, die größtenteils im ROM gespeichert sind. Dadurch kann eine einheitliche Benutzeroberfläche (User Interface) gestaltet werden. Diese Mensch-Maschine-Schnittstelle ist in hohem Maße standardisiert (User Interface Guidelines /b.6/) und wird von allen Anwenderprogrammen weitgehend implementiert. Die wesentlichen Elemente der Benutzeroberfläche sind in Grafik 3-5 (Hardcopy eines Bildschirminhalts) dargestellt.

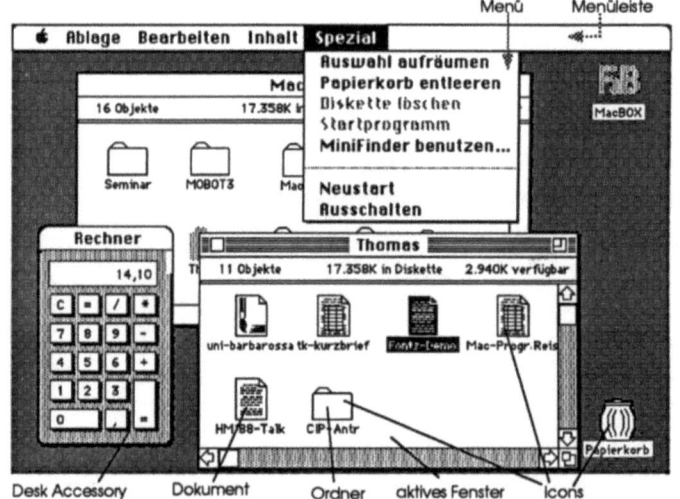

Grafik 3-5:

Elemente der Benutzeroberfläche

Im Gegensatz zur Benutzerschnittstelle, bei der die Systemkontrolle fest durch den Programmablauf vorgegeben ist, muß die oben skizzierte Benutzeroberfläche durch Anwenderprogramme realisiert werden, denen das Konzept der ereignisgesteuerten Programmierung (Event-driven programming /b.5/) zugrunde liegt. Das Hauptziel dieser Programmiermethode liegt darin, daß der Benutzer jederzeit den Ablauf des Anwendungsprogramms bestimmen kann. Dazu muß ein Ereignis-Mechanismus implementiert werden, der Signale vom Benutzer (Ereignisse; Events) bearbeitet. Alle Ereignisse, wie beispielsweise die Tastatureingabe, die Mausaktion oder das Einlegen einer Diskette, werden über das Betriebssystem an das Anwendungsprogramm weitergeleitet und müssen von diesem in einer Schleife (main event loop) abgearbeitet werden. Infolge dieses Ansatzes sind sämtliche Anwenderprogramme strukturell ähnlich aufgebaut, was anhand der folgenden Skizze eines ereignisgesteuerten Programms aufgezeigt werden soll.

Software-Architektur

```
Initialisierung
wiederhole
    warte auf ein Ereignis
        mouse-down Ereignis?
            Wo ist die Maus?
                in einem ´desk accessory´?
                    gebe das Ereignis an den ´Desk Manager´ weiter
                in einer Menüleiste?
                    rufe anwendungsspezifisches Programmsegment auf
                in einem speziellen Fensterbereich (title bar, size box)?
                    rufe den ´Window Manager´ auf
                in einem Fenster?
                    ist das Fenster aktiv?
                        nein: hole das Fenster in den Vordergrund
                        ja:   wähle anwendungsspezifisches
                              Programmsegment aus
            :
        key-down Ereignis?
            Kommandotaste?
                ja:   Kommando ausführen
                nein: Benutzereingabe aufnehmen
        Disketten-Ereignis?
            (eine Diskette muß verwaltet werden)
        :
bis der Benutzer das Kommando "Quit" auswählt
```

Typische Hauptschleife bei der ereignisgesteuerten Programmierung

Die Komponenten der Software-Architektur und ihr Bezug zur Hardware sind in Grafik 3-6 dargestellt. Die Systemroutinen können in zwei Bereiche, die User Interface Toolbox und das Betriebssystem (BS; OS - Operating System) gegliedert werden. Beide Bereiche sind noch einmal in funktionelle Einheiten, sogenannte "Manager", unterteilt. Das Betriebssystem befindet sich auf der untersten Ebene und übernimmt grundlegende Aufgaben wie den Systemstart, die Ein-/Ausgabeorganisation, die Speicherverwaltung und die Interruptbehandlung. Die User Interface Toolbox unterstützt die Implementierung der Benutzeroberfläche. Sie nutzt dabei Betriebssystemroutinen, die natürlich auch dem Anwenderprogramm zur Verfügung stehen.

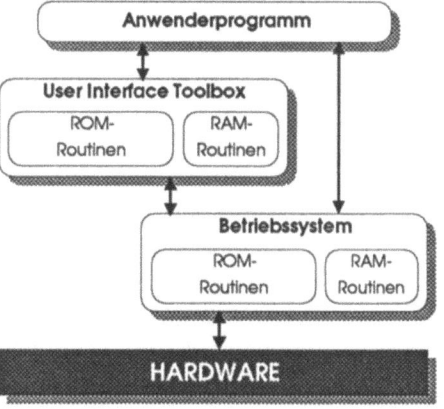

Grafik 3-6: Software-Architektur des Macintosh

Ein Großteil der Toolbox- und Betriebssystemroutinen (über 700) sind im Festwertspeicher (ROM) abgelegt. Da diese Softwareroutinen permanent und unveränderbar in der Hardware installiert sind, werden sie auch als Firmware bezeichnet. Um jedoch spezielle Routinen wie Drucker-Treiber flexibel zu halten, werden diese bei jedem Systemstart von peripheren Speichermedien in den Arbeitsspeicher (RAM) geladen. Damit werden auch veraltete ROM-Routinen durch entsprechende Routinen einer neuen Betriebssystem-Version überladen.

3.3.1 User Interface Toolbox

Die User Interface Toolbox unterstützt die einheitliche Implementierung einer anwenderfreundlichen Benutzeroberfläche. Dies wird dadurch erreicht, daß für den Programmierer eine Sammlung von Routinen zur Implementierung dieser Benutzeroberfläche bereitgestellt wird. Das bedeutet nicht nur, daß der Anwender auf einheitliche Art und Weise mit den Programmen arbeiten kann; auch für den Softwareentwickler ergeben sich daraus eine Reihe von Vorteilen: Die Verwendung von fertigen, ausgetesteten Routinen für die Benutzerschnittstelle verringert ohne Frage die Softwareentwicklungszeit, und die Integration dieser Routinen im ROM reduziert die Programmgröße. Grafik 3-7 zeigt die ungefähre hierarchische Gliederung der wichtigsten Toolbox-Bausteine, die im folgenden kurz beschrieben werden.

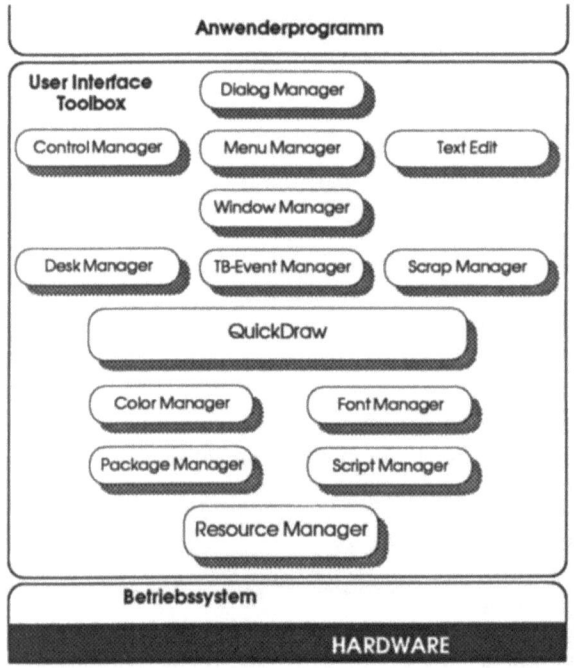

Grafik 3-7: Bausteine der User Interface Toolbox

- Ungefähr 20% aller Routinen sind in **QuickDraw** enthalten. Damit werden die grundlegenden Grafikroutinen bereitgestellt, um Grafik und Text auf dem Bildschirm darzustellen. Übergeordnete Bausteine der Toolbox rufen Quickdraw auf, um beispielsweise ein Fenster auf dem Bildschirm zu zeichnen (Window Manager). Quickdraw seinerseits bedient sich z.B. des Font Managers, um Text in verschiedenen Zeichensätzen und Schriftarten darzustellen.

- Der **Color Manager** unterstützt QuickDraw. Er ist für die Farbauswahl und die konsistente Behandlung der Farbdarstellung verantwortlich. Damit wird eine einheitliche Schnittstelle zur Hardware von unterschiedlichen Grafikkarten definiert, die das Anwenderprogramm von der installierten

Grafikkarte unabhängig machen.

- Ebenso unterstützt der **Font Manager** die Routinen von QuickDraw. Er stellt Routinen zur Verfügung, die Schriftarten von unterschiedlicher Zeichenform und -größe verwalten.

- Der **Package Manager** verwaltet Datentypen und Routinen, die nur bei Bedarf ins RAM geladen werden, wie z.B. das Binary-Decimal Conversion Package, mit dem Strings in Integerdarstellung gewandelt werden können.

- Mit Hilfe des **Script Managers** werden verschiedene Alphabete und Sprachen unterstützt. Damit können Anwendungsprogramme unabhängig von der Landessprache implementiert werden.

- Um spezielle Daten (Ressourcen) völlig separat vom Programm-Code zu speichern, wird der **Resource Manager** benötigt. Dadurch können Daten auch von mehreren Programmen gemeinsam benutzt werden (System Ressourcen). Außerdem können diese Daten einfach und schnell mit Ressource-Editoren modifiziert werden, da eine Vielzahl von Ressource-Datenstrukturen bereits definiert vorliegen. Beispielsweise sind die wesentlichen Elemente der Benutzeroberfläche wie Menus, Icons und Fonts als Ressourcen definiert und können ohne Neucompilierung eines Programms geändert werden. Dieses Konzept erlaubt u.a. die relativ einfache Anpassung eines Programms an verschiedene Länder bzw. Sprachen.

- Der **Dialog Manger** ermöglicht die Generierung und Verwaltung von interaktiven Dialogfenstern. Damit können beispielsweise Parametereinstellungen verändert, Geräteansteuerungen festgelegt und der Programmablauf kontrolliert werden.

- Der **Menu Manager** installiert die Menüleiste mit den einzelnen "Pull Down Menus" und übergibt dem Programm die entsprechende Information, wenn der Anwender eine Funktion aus einem Menü ausgewählt hat.

- Normalerweise wird bei einem Macintosh-Programm die Information in Fenstern dargestellt. Der **Window Manager** stellt dazu die grundlegenden Routinen für das Arbeiten mit Fenstern (z.B. Öffnen, Verändern und Schliessen) zur Verfügung. Er kontrolliert dabei selbständig das Überlappen von Fenstern und informiert über den Event Manager (update event), ob ein Bereich eines Fensters neu aufgebaut werden muß.

- Jedem beliebigen Fenster können Controls zugeordnet werden, z.B. ein vertikaler Rollbalken, über den der sichtbare Dokumentausschnitt bestimmt wird. Auch hier gibt es vordefinierte Controls, die mit Routinen des **Control Managers** erzeugt und manipuliert werden können.

- **TextEdit** steht immer dann zur Verfügung, wenn ein Programm Text erwartet, verarbeitet oder anzeigt. Im Prinzip wird damit ein mausgesteuerter Text Editor zur Verfügung gestellt.

- Ein Macintosh Programm wird durch Ereignisse gesteuert, die der

Anwender durch seine Aktionen hervorruft. Ob er gerade die Maus bewegt, eine Diskette einlegt oder eine Taste bedient: Durch periodische Abfrage des Toolbox **Event Managers** erfährt ein Programm, welche Funktionen der Anwender gerade ausführen möchte. Der Toolbox Event Manager seinerseits erhält diese Informationen durch den Low-Level Event Manager des Betriebssystems.

• Der **Desk Manager** unterstützt den Einsatz von kleinen Hilfsprogrammen, (sog. Desk-Accessories) wie Wecker, Druckerauswahl, Taschenrechner usw. Diese können in jedem Programm aus dem "Apfel-Menü" ausgewählt und gestartet werden.

• Der **Scrap Manager** ermöglicht den Datenaustausch beim Ausschneiden und Einsetzen zwischen verschiedenen Programmen. Damit kann z.B. eine Zeichnung aus einem Grafikprogramm in einen Texteditor übernommen und an beliebiger Stelle plaziert werden.

Dieser Überblick vermittelt lediglich einen Eindruck über Umfang und Ausstattung der User Interface Toolbox. Die Manager und die einzelnen Routinen sind in der Literatur umfassend beschrieben (vgl. /b.4/ und /b. 7/).

3.3.2 Betriebssystem

Außer den Toolbox-Routinen ist auch ein Teilbereich des Betriebssystems (Mac-OS - Macintosh Operating System) im ROM integriert. Diese Betriebssystem-Routinen unterstützen und ermöglichen den Zugriff auf die Hardware. Wie die Toolbox als Schnittstelle zum Anwenderprogramm, kann das Betriebssystem als Schnittstelle zur Hardware gesehen werden. Hier werden Routinen zur Implementierung der Benutzeroberfläche, dort Routinen für den Hardwarezugriff zur Verfügung gestellt. Grafik 3-8 zeigt den strukturellen Aufbau des Betriebssystems. Im folgenden werden einige Komponenten charakterisiert.

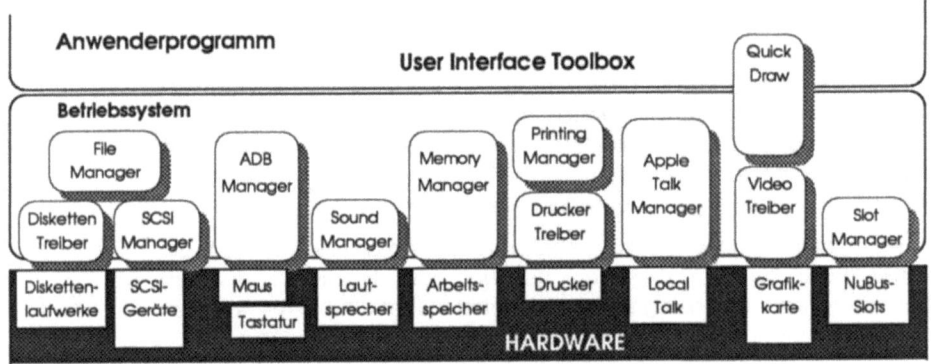

Grafik 3-8: Komponenten des Betriebssystems

• Der **Memory Manager** übernimmt die dynamische Verwaltung des Arbeitsspeichers. Insbesondere die Zugriffe auf den Heap-Bereich werden

Software-Architektur

über entsprechende Routinen vorgenommen, wobei automatisch die aktuell installierte RAM-Konfiguration ausgenutzt wird.
• Mit dem **File Manager** werden Dateien (Files) auf einem Speichermedium (Festplatte, Diskette etc.) angelegt und verwaltet. Dabei werden u.a. Routinen des SCSI-Managers bzw. der Diskettentreiber aufgerufen.
• Der **Printing Manager** stellt eine einheitliche Schnittstelle zu beliebigen Druckern dar, indem er entsprechende Druckertreiber auswählt. Damit wird ein Programm unabhängig von gerätespezifischen Gegebenheiten.
• Der **Slot Manager** ist für die Kommunikation zwischen Programm und NuBus-Erweiterungskarte verantwortlich.
Weitere Elemente des Betriebssystems sind beispielsweise der **Sound Manager**, der **SCSI Manager**, der **ADB Manager**, der **AppleTalk Manager** usw. Sie sollen hier nicht näher betrachtet werden (vgl. /b.2/, /b.4/ und /b.7/).

3.4 Übungen

Aufgabe 3-1: Betrachten Sie ein konkretes Computersystem und klassifizieren Sie die dessen Funktionseinheiten aus Hard- und Softwaresicht.

Aufgabe 3-2: Wählen sie exemplarisch ein Computersystem und untersuchen Sie folgende Merkmale
  a.) Hardware-Einheiten des Gesamtsystems
  b.) Externe Schnittstellenkonfiguration
  c.) Typisches Betriebssytem
  d.) Software-Architektur

Aufgabe 3-3: Beschreiben Sie die wesentlichen Kennzeichen einer 'offenen Systemarchitektur'.

Aufgabe 3-4: Diskutieren Sie Zielsetzung und Konzeption der 'User Interface Toolbox'.

Aufgabe 3-5: Im Zusammenhang mit graphischen Benutzeroberflächen und Maussteuerung wird die ereignisgesteuerte Programmierung eingesetzt.
  a.) Erläutern Sie 3 typische Ereignisklassen.
  b.) Vergleichen Sie diese Programmiermethode mit der konventionellen Programmierung.
  c.) Untersuchen Sie Vor- und Nachteile dieser Programmierung.

30

4 : Systemkern - Die Hauptplatine

Dieses Kapitel beschreibt den Systemkern eines Rechners mit seinen Komponenten und deren Verbindungsstruktur. Beim Macintosh II wird der Systemkern hauptsächlich durch die Hauptplatine realisiert.

4.1 Grundlagen

Der **Systemkern** übernimmt die zentralen Funktionen des Rechnersystems. Prinzipiell werden damit Daten verarbeitet, die von peripheren Einheiten (z.B. Ein/Ausgabegeräten) eingelesen und wieder ausgegeben werden (vgl. Grafik 3.1: Grundstruktur eines Computersystems). Im einzelnen müssen dazu die drei Grundfunktionen Verarbeitung, Speicherung und Anpassung sowie deren Verbindung durch entsprechende Komponenten bereitgestellt werden. Grafik 4-1 beschreibt die funktionelle Sicht des Systemkerns mit den entsprechenden Komponenten.

Die **Verarbeitung** erfolgt im wesentlichen durch einen Prozessorbaustein (CPU - Central Processing Unit), der nach einer vorgegebenen Spezifikation (Programm) einzelne Befehle ausführt. Dieser Baustein muß ein Rechenwerk zur Bearbeitung der Daten und ein Steuerwerk zur Ablaufsteuerung enthalten. Durch Coprozessorbausteine kann der Prozessor in seiner Funktion unterstützt werden.

Die **Speicherung** der auszuführenden Programme und der dabei benötigten Daten wird vom Hauptspeicher übernommen. Dieser wird in Einheiten fester Länge adressiert und erlaubt über entsprechende Adressen den Zugriff auf Daten und Programme. Der Hauptspeicher ist im allgemeinen aus einem ROM- und einem RAM-Teil zusammengesetzt. Beide sind Halbleiterspeicher, die sich bzgl. ihrer Zugriffsfunktion dadurch unterscheiden, daß auf den ROM-Bereich (Read Only Memory) nur lesend und auf den RAM-Bereich (Random Access Memory) sowohl lesend als auch schreibend zugegriffen werden kann. Leider wird dieser Sachverhalt durch die Abkürzungen nur ungenau wiedergegeben.

Die **Anpassung** von peripheren Einheiten an den Prozessor kann entweder durch eingebaute Schnittstellenbausteine (Interface-Bausteine) oder durch zusätzliche Interface-Karten erfolgen. Dabei müssen die unterschiedlichen Eigenschaften von Prozessor und peripheren Einheiten (Arbeitsgeschwindigkeiten, Art der Datenübertragung usw.) soweit aufeinander abgestimmt werden, daß eine reibungslose Kommunikation stattfinden kann. Eine Schnittstelle kann je nach Auslegung ihrer Geräteseite als PIO (Parallel Input Output), SIO (Seriell Input Output) oder VIA (Versatile Interface Adapter) bezeichnet werden. Falls die Schnittstelleneinheit selbständig auf den Systembus zugreifen und diesen kontrollieren kann, so wird sie auch als Peripherieprozessor oder als Controller bezeichnet. Damit ist z.B. ein prozessorunabhängiger Zugriff auf den Hauptspeicher möglich (DMA - Direct Memory Access). Die Grundfunktion Anpassung ist zusätzlich für die individuelle Adaption des Systemkerns an bestimmte Aufgabenstellungen, beispielsweise die hardwaremäßige Unterstützung von speziellen Programmiersprachen oder die Erweiterung der Hauptspeicherkapazität verantwortlich. Dazu kann der Systemkern durch entsprechend entwickelte Zusatzkarten ergänzt werden.

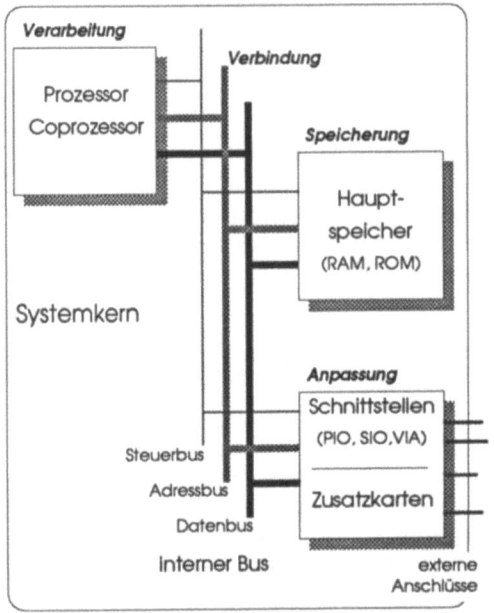

Grafik 4-1: Funktionsgruppen des Systemkerns

Die **Verbindung** von Prozessor, Hauptspeicher und E/A-Schnittstellen (Eingabe/Ausgabe-Schnittstellen) wird durch interne Bussysteme realisiert. Damit wird im Vergleich zu einem externen Bus (Peripheriebus), der periphere Einheiten mit dem Systemkern verbindet, eine räumlich eng begrenzte Kopplung von Funktionselementen aufgebaut. Typisch für den internen Bus ist die funktionelle Aufteilung der Leitungsbündel in Adreß-, Daten- und Steuerbus.

4.2 Organisationsstruktur der Hauptplatine

Die Komponenten des Systemkerns sind beim Macintosh II im wesentlichen auf der Hauptplatine implementiert. Lediglich die Interfacekomponente zum Anschluß eines Monitors ist mit einer Grafikkarte (vgl. Abschnitt 5.3.1) als Erweiterung des Systemkerns realisiert.

Entsprechend der oben skizzierten Funktionsstruktur des Systemkerns können die Komponenten der Hauptplatine in folgende Gruppen eingeteilt werden: Verarbeitungs-, Speicher-, Schnittstellen- und Erweiterungsgruppe. Dabei sind die beiden letztgenannten für die Anpassungsfunktion des Systemkerns verantwortlich. Die prinzipielle Verbindungsstruktur und die wesentlichen Komponenten der einzelnen Gruppen sind in Grafik 4-2 dargestellt.

Organisationsstruktur der Hauptplatine

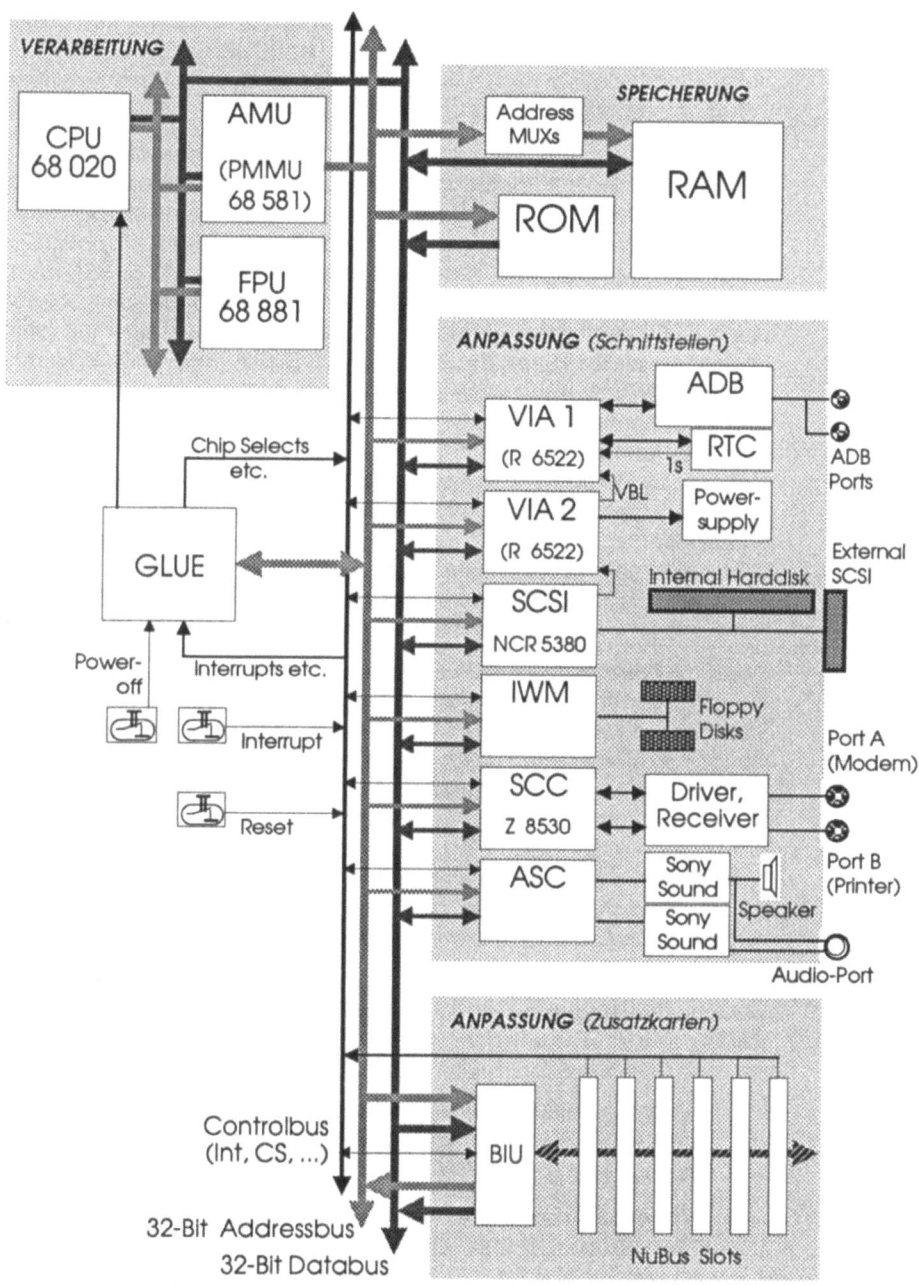

Grafik 4-2: Blockdiagramm der Hauptplatine

☞ In der folgenden Zusammenfassung werden die Komponenten der einzelnen Gruppen kurz spezifiziert. Eine ausführliche Betrachtung der Funktionseinheiten wird in den anschließenden Abschnitten dieses Kapitels vermittelt.

Die **Verarbeitungsgruppe** wird hauptsächlich durch den Mikroprozessor (MC 68 020), den arithmetischen Coprozessor (MC 68 881) und den Speicherverwaltungsbaustein (MMU; Memory Management Unit) gebildet. Dabei kann die standardmäßig eingebaute AMU (Address Mapping Unit) durch eine PMMU (Paged Memory Management Unit; MC 68 851) ersetzt werden, falls eine virtuelle Speicherverwaltung, wie sie beispielsweise für das UNIX-Betriebssystem erforderlich ist, durchgeführt werden muß. Diese Bausteine werden durch den Prozessorbus miteinander verbunden und durch einen anwendungsspezifischen Chip (GLUE) ergänzt, auf dem diverse Systemfunktionen wie die Adreßdecodierung oder die Verwaltung von Kontrollsignalen integriert sind. Der Name des Bausteins kann nicht nur als Abkürzung (General Logic Unit), sondern auch wörtlich interpretiert werden: Signale von mehreren Bausteinen werden miteinander verbunden ('glue together' - zusammenleimen) und koordiniert an die CPU weitergeleitet. Prozessor und Coprozessor werden im nächsten Abschnitt, die Speicherverwaltungsbausteine in Abschnitt 4.4 und die Funktionen der GLUE in Abschnitt 4.6 näher betrachtet.

Durch die **Speichergruppe** wird mit RAM- und ROM-Chips Hauptspeicherkapazität zur Verfügung gestellt. Mittels 4 Sockeln für ROM-Chips und 8 Steckplätzen für RAM-SIMMs (Single In-Line Memory Modules) kann die Hauptplatine mit Speicherkapazität (onboard-memory) ausgestattet werden. Die Minimalkonfiguration verfügt über 256 KByte ROM (4 x 64 KByte Chips) und 1 MByte RAM (4 SIMMs à 8 x 256 KBit Chips), wobei der RAM-Speicher onboard auf 128 MByte (mit 16 MByte SIMMs) und mit Zusatzkarten auf 2 GByte erweitert werden kann. Mit Multiplexerbausteinen (Address MUXs) wird die RAM-Adresse in Zeilen- und Spaltenadresse aufgeteilt. Die Speicherbausteine und die Speicherverwaltung werden in Abschnitt 4.4 beschrieben .

Die **Schnittstellengruppe** wird im wesentlichen durch sechs Interface-Bausteine gebildet. Diese verwalten die standardmäßig eingebauten internen und externen Schnittstellen der Hauptplatine:

- 2 vielseitige Interface-Bausteine (VIA - Versatile Interface Adapters) für diverse interne Aufgaben sowie für den Anschluß des ADB (Apple Desktop Bus) und der RTC (Real Time Clock)

- 1 NCR 5380 Small Computer System Interface (SCSI) -Chip als Parallelschnittstelle für den internen bzw. externen Anschluß von peripheren Einheiten (z.B. Festplattenanschluß)

- 1 Zilog Z8530 Serial Communication Controller (SCC) für 2 externe serielle Verbindungen (z.B. Apple Talk-, oder Druckeranschluß)

- 2 anwendungsspezifische Spezialbausteine für den Verstärkeranschluß (ASC; Apple Sound Chip) und die Laufwerkkontrolle (IWM; Integrated Woz Machine)

Die Schnittstellenbausteine werden in zwei Abschnitten näher betrachtet: Abschnitt 4.5 spezifiziert die Standardbausteine VIA, SCSI und SCC, und Abschnitt 4.6 diskutiert den prinzipiellen Aufbau von anwendungsspezifischen Spezialbausteinen (ASIC - Application Specific Integrated Circuits).

Die **Erweiterungsgruppe** wird durch 6 NuBus-Steckplätze und das NuBus-Interface (BIU - Bus Interface Unit) zum Systembus realisiert. Damit kann eine individuelle Systemerweiterung mit Hilfe von Zusatzkarten durchgeführt werden. Das NuBus-Interface besteht u.a. aus 6 Puffer-Bausteinen und 12 Kontrollerchips, die mittlerweile zum Teil durch einen anwendungsspezifischen Baustein (vgl. Abschnitt 4.6) ersetzt werden. Die Standarddefinition und die Implementierung des NuBus beim Mac-II werden in Abschnitt 4.8 diskutiert.

Zur **Verbindung** der Gruppen untereinander bzw. der Komponenten innerhalb der Gruppen werden drei Bussysteme eingesetzt: der Systembus, der Prozessorbus und der NuBus. Im Gegensatz zum NuBus, der die Komponenten der Erweiterungsgruppe miteinander verbindet und nach einer prozessorunabhängigen Definition implementiert ist, sind Prozessor- und Systembus komplett bzw. teilweise nach der Busschnittstelle des 68020 Prozessors ausgerichtet. Außer diesen drei internen Bussystemen existieren zwei externe Bussysteme, mit denen periphere Einheiten an den Systemkern angeschlossen werden können: der Apple Desktop Bus (ADB) zum Anschluß von Eingabegeräten (Maus, Tastatur usw.) und der SCSI-Bus, über den Komponenten der Speicherperipherie und spezielle Peripheriegeräte wie Scanner angeschlossen werden. Die Bussysteme werden in den Abschnitten 4.7 und 4.8 bzw. zusammen mit den entsprechenden Komponenten näher betrachtet.

Diese Übersicht des Mac-II Systemkerns wird abgeschlossen durch einen Blick auf die Hauptplatine. Bild 4-1 zeigt eine Aufnahme und Grafik 4-3 präsentiert den Bestückungsplan der Hauptplatine mit den wichtigsten Elementarbausteinen und Anschlüssen. Diese werden in den folgenden Abschnitten näher spezifiziert und bzgl. ihrer prinzipiellen Funktionsweise erläutert.

Kapitel 4: Systemkern - Die Hauptplatine

Bild 4-1: Die Hauptplatine

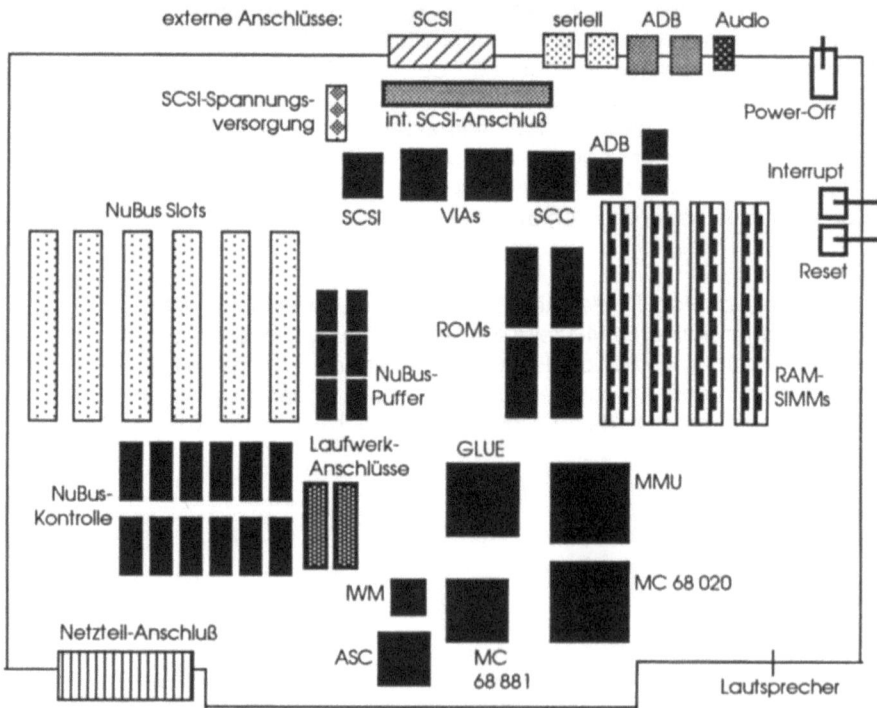

Grafik 4-3: Komponenten der Hauptplatinenbestückung

4.3 Prozessor / Coprozessor

Der Mikroprozessorbaustein ist die zentrale Komponente des Computersystems. Seine Charakteristika und Leistungsmerkmale beeinflussen in hohem Maße das Gesamtsystem. Im allgemeinen müssen zur Beurteilung der Leistungsfähigkeit mehrere Punkte betrachtet werden. Die folgende Liste gibt eine Auswahl der wichtigsten Kriterien:

- Anzahl der Leitungen für Daten- und Adreßbus; damit unmittelbar verbunden die Größe des Adreßbereichs
- mögliche Taktfrequenzen
- MIPS-Kenngröße (Durchsatz)
- Registersatz (Größe, Anzahl, Anordnung)
- Aufbau der ALU (Anzahl und Organisation der Ausführungseinheiten)
- Parallelarbeit (Befehls-Pipeline, parallele Ausführungseinheiten)
- integrierter Cachespeicher
- Programmierung (Datentypen, Befehlssatz, Adressierungsarten)
- Schutzvorkehrungen (Ausnahmeverarbeitung, Betriebsmodi)
- Erweiterbarkeit (Coprozessoren, Speicherverwaltungsbaustein)
- Unterstützung des Mehrbenutzerbetriebs
- Integrationsdichte (Anzahl der Transistoren auf dem Chip)
- Technologie (NMOS, CMOS, HCMOS)

Die Entwicklung von immer leistungsfähigeren Prozessoren ist u.a. im Zusammenhang mit den Fortschritten im Bereich der Halbleitertechnik zu sehen. Erst durch Integrationsdichten ab 100 000 Transistoren war es beispielsweise sinnvoll, einen Cachespeicher auf dem Chip zu implementieren. Die Entwicklung der zwei größten Prozessorfamilien, mit typischen Beispielen für deren Einsatz bei zwei unterschiedlichen Produktlinien, wird in Grafik 4-4 skizziert. Neben der Integrationsdichte ist die Breite des Datenbus als charakteristisches Merkmal aufgeführt (Anzahl der Rasterelemente). In diesem Zusammenhang spricht man auch von z.B. 8-,

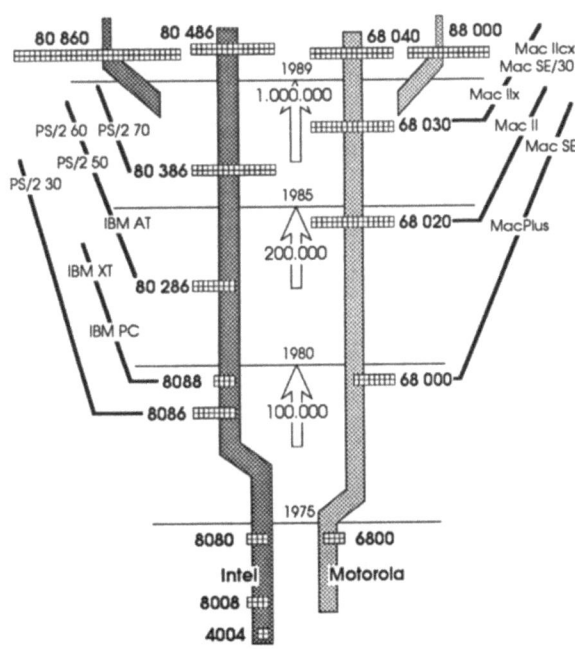

Grafik 4-4: Entwicklung der Prozessorfamilien

16-, 32-Bit Prozessoren bzw. Computersystemen.

4.3.1 68 020 - Prozessor

Beim Mac-II wird als Prozessor ein MC 68 020 der Firma Motorola mit einer Taktfrequenz von 15.7 MHz eingesetzt. Diese Frequenz wurde aus Kompatibilitätsgründen zu den Vorgängermodellen gewählt.

Der MC 68020 ist der erste 32-Bit Prozessor der 68000-Familie (vgl. Grafik 4-4). Seine wichtigsten Kennzeichen sind im folgenden aufgelistet und werden anschließend näher betrachtet:

- Kompatibel mit den anderen MC 68 000 Mikroprozessoren;
- 32-Bit Daten- und 32-Bit Adreßbus;
- 4 GB Adreßraum (32-Bit-Adreßbus);
- dynamische Busstruktur für 8-, 16- und 32-Bit Datentransfer;
- Standard-Taktfrequenz: 12.5, 16.67, 20 oder 25 MHz;
- Durchsatz: 2.5 - 3 MIPS;
- Integration eines schnellen Befehlscache (256Byte);
- Pipeline-Architektur mit hohem Grad an interner Parallelarbeit;
- 2 Betriebsmodi: Anwender- und Supervisor-Ebene;
- Registersatz: 16 allgemeine 32-Bit Daten- und Adreßregister, 32-Bit PC (Program Counter), 5 spezielle Kontroll-Register, 2 Cache-Register und 2 Supervisor Stack Pointer;
- eine ALU (Arithmetic Logic Unit) mit 32-Bit Organisation;
- zwei AUs (Arithmetic Unit) mit 32-Bit Organisation zur Verwaltung der 32-Bit Adressen und des 32-Bit PC (Program Counter);
- 18 Adressierungsarten und 7 Datentypen;
- zusätzliche Adressierungsarten für modulare Programmstruktur;
- Bus-Arbitration und Coprozessor-Interface zur Unterstützung von Multiprozessor-Anwendungen (68 881 FPU, 68 851 PMMU);
- "Virtual Memory"- und "Virtual Machine"-Fähigkeiten;
- High Density CMOS-Technologie;

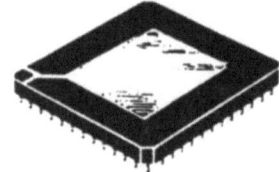
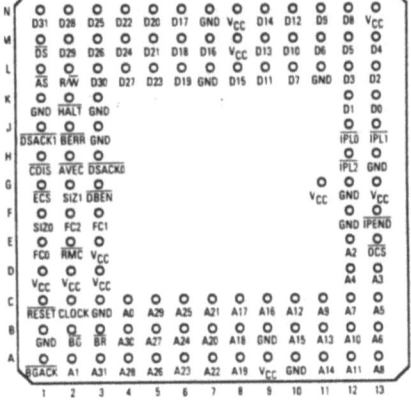

Grafik 4-5: Gehäuse und Pinbelegung des MC 68 020

Prozessor / Coprozessor

Bild 4-2 zeigt eine Aufnahme des MC 68 020-Chip mit den internen Pinanschlüssen. Die wichtigsten Funktionsblöcke des 68020-Chips sind in Bild 4-3 markiert. Der Chip hat eine Kantenlänge von 9.2 mm und ist in ein 13 x 13 PGA-Gehäuse (Pin Grid Array) mit 114 Pins (Grafik 4-5) eingebaut. Die verwendete 2 1/4 μm HCMOS -Technologie (CMOS - ´Complementary Metal Oxide Semiconductor´ und HMOS- ´High Density MOS´ -Gatter auf einem Chip) mit Gatter-verzögerungszeiten von 5 ns ermöglicht Taktfrequenzen von 12.5, 16.67, 20 oder 25 MHz und die geringe Leistungsaufnahme von 1 bis 1.5 Watt. Insgesamt sind 190.000 Transistoren auf dem Chip integriert.

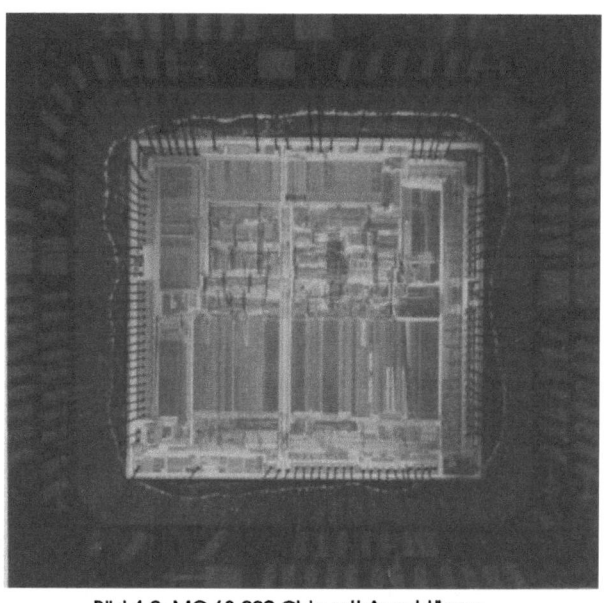

Bild 4-2: MC 68 020 Chip mit Anschlüssen

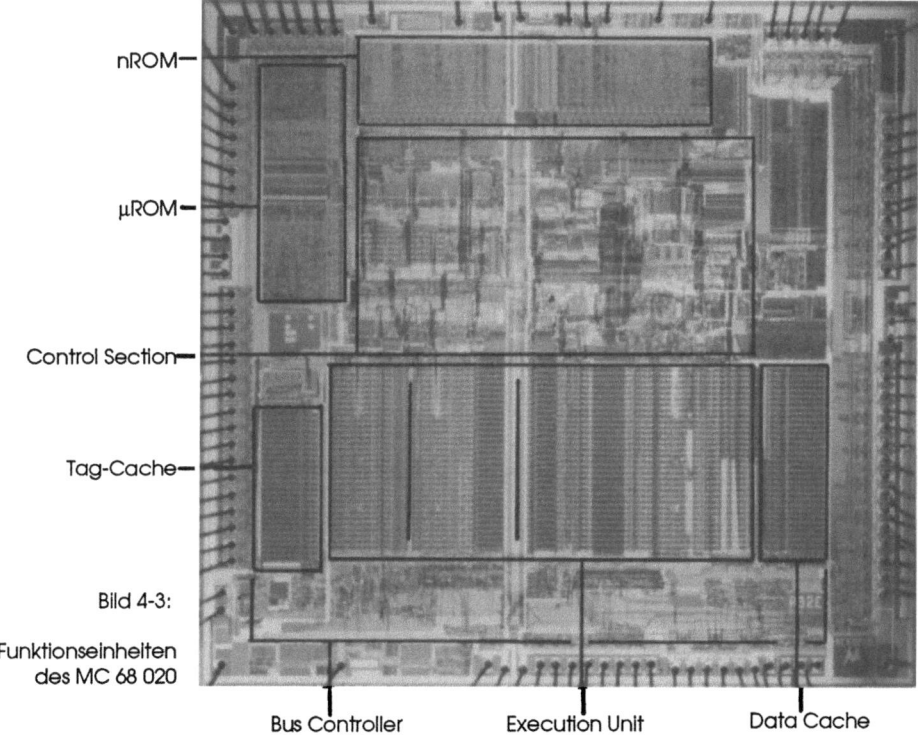

Bild 4-3: Funktionseinheiten des MC 68 020

Die Komplexität dieses VLSI-Chips (Very Large Scale Integration) wird durch einige Zusatzdaten noch deutlicher:
- Für den diskreten Aufbau des MC 68 020 werden ca. 300 MSI-Bausteine (Medium Scale Integration) benötigt;
- Beim MC 68 000 sind lediglich 68 000 Transistoren auf einem 6,2 x 7,1 mm großen Chip integriert;

Architektur

Die Architektur des MC 68 020 (Grafik 4-6) läßt sich grundsätzlich in zwei Funktionsblöcke einteilen: den Buscontroller und die Micro Machine.

Zum **Buscontroller** gehören die Anschlüsse für Adreß- und Datenbus incl. der Multiplexer für die dynamische Busstruktur, eine Buscontrollergruppe mit Einheiten für die Steuerung der Buszyklen, mit denen Operanden- und Befehlszugriffe erfolgen, sowie der Befehlscache (Instruction Cache) mit seinen Kontrollkomponenten (Tag Cache, Cache Register etc.).

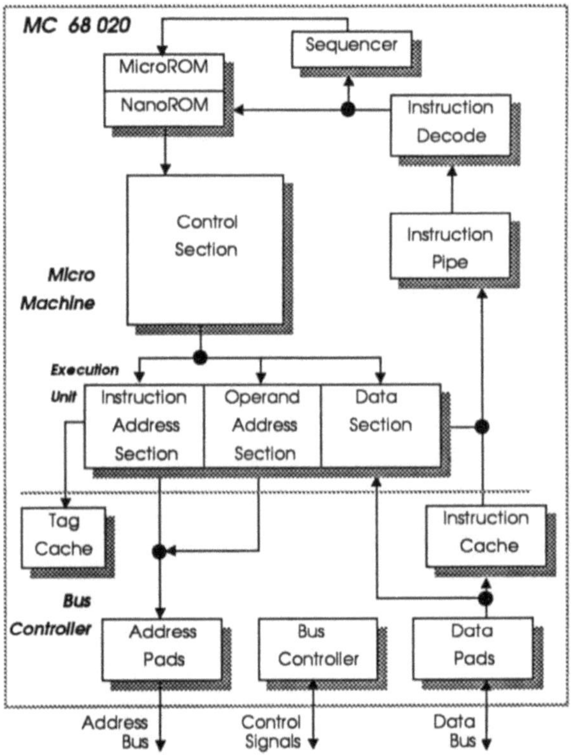

Die **Micro-Machine** besteht aus der Ausführungseinheit (Execution Unit), dem Steuerbereich (Control Section), den Steuerspeichern (Micro- und Nano-ROM), den Prefetch-Registern (Instruction Pipe) sowie den PLA´s (Programmed Logical Arrays) für die Befehlsdecodierung (Inctruction Decode) und die Ablaufsteuerung (Sequencer). Die Ausführungseinheit ist in drei 32-Bit Funktionsbereiche aufgeteilt: den Befehlsadressen-Teil zur Adreßberechnung und zur Aufbewahrung von Zeigern, den Operandenadressen-Teil zur Berechnung der Adressen von Operanden und den Daten-Teil zur Durchführung der Datenoperationen. Über einen in Mikro- und Nano-ROM gegliederten Steuerspeicher erfolgt die zweistufige Mikrocode-Steuerung, die durch die im Sequencer-PLA enthaltene Steuerinformation gelenkt wird. Bei der Befehlsdecodierung werden die eigentlichen Steuersignale generiert, mit denen die Inhalte des Steuerspeichers decodiert und interpretiert werden.

Grafik 4-6: Blockdiagramm des MC 68 020

Mikrocode

Das Steuerwerk des MC 68 020 ist als mikrocodiertes System aufgebaut, d.h. für die Steuerung ist ein Programm verantwortlich, das auf dem Chip in einem ROM als Mikrocode gespeichert wird. Diese Mikrocode-Steuerung erfolgt beim 68 020 Prozessor über eine zweistufige Kombination aus vertikalem und horizontalem Mikrocode.

Der vertikale Mikrocode ist im µROM gespeichert und stellt für jeden Maschinenbefehl eine Sequenz von Mikroinstruktionen bereit. Mikroinstruktionen sind durch eine kleine Bitbreite gekennzeichnet und enthalten im wesentlichen einen Zeiger auf eine entsprechende Nanoinstruktion. Diese sind als horizontaler Mikrocode im nROM gespeichert und enthalten die direkte Information zur Ansteuerung von Schaltern in der Ausführungseinheit. Dazu werden pro Nanoinstruktion 70 Bit im nROM gespeichert.

Durch diesen zweistufigen Mikrocode können die Vorteile des vertikalen Mikrocodes (kleiner Speicherplatzbedarf) und des horizontalen Mikrocodes (Inhalt ermöglicht direkt die parallele Ansteuerung von Komponenten) in gleichem Maße genutzt werden.

Der hierarchische Zusammenhang zwischen Assembler-, Mikro-, und Nanoinstruktion sowie deren Einfluß auf die Ausführungseinheit wird durch ein schematisches Beispiel (vgl. Grafik 4-7) verdeutlicht. Durch die NOP-Instruktion (No Operation) wird keine Operation durchgeführt, sondern lediglich

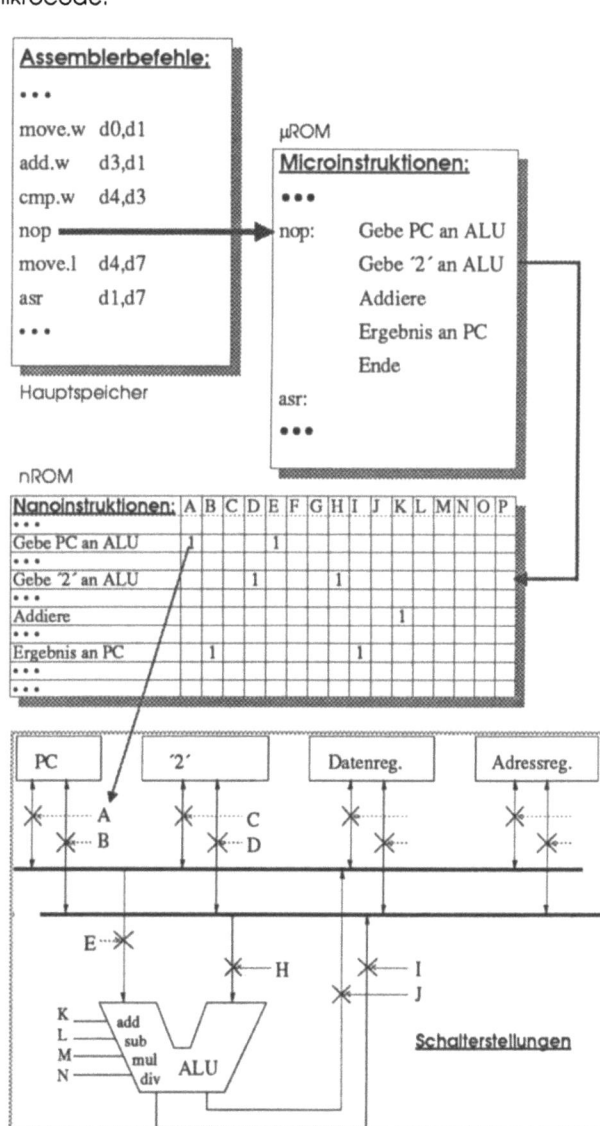

Grafik 4-7: Micro- und Nonocode

der Programmzähler (PC - Program Counter) weitergeschaltet, so daß die Programmausführung mit dem auf NOP folgenden Befehl fortgesetzt wird. Für die NOP-Maschineninstruktion wird eine Sequenz von Mikroinstruktionen gestartet und nacheinander abgearbeitet. Jede Mikroinstruktion adressiert eine Nanoinstruktion, deren Inhalt bitweise für die Stellung von einzelnen Steuerpunkten in der Ausführungseinheit verantwortlich ist.

Befehlsabarbeitung

Grundsätzlich kann man die Verarbeitung eines Befehls in drei Phasen einteilen: holen, decodieren und ausführen. Eine etwas nähere Betrachtung dieser Phasen ergibt für den MC 68 020 folgenden schematischen Ablauf (vgl. Grafik 4-8):

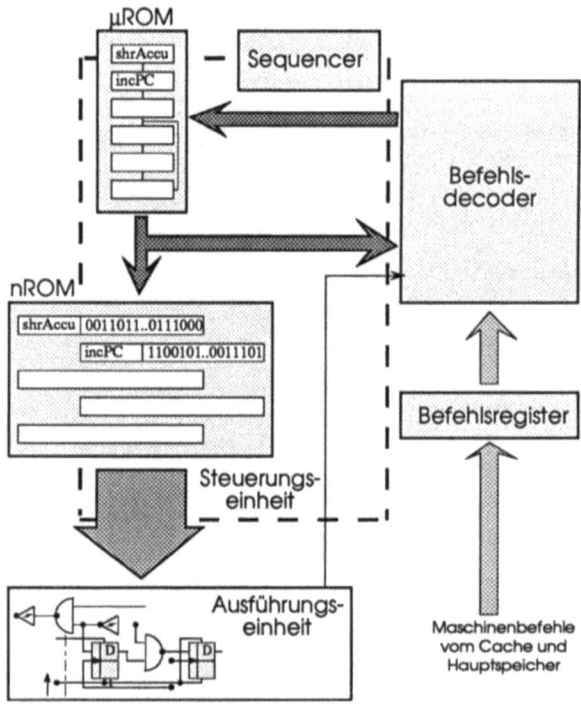

Grafik 4-8: Komponenten der Befehlsabarbeitung

Nachdem ein Programm in den Hauptspeicher geladen und gestartet worden ist, kann der Prozessor Maschinenbefehle holen, in seinem Cachespeicher zwischenlagern und über das Befehlsregister an den Befehlsdecoder weiterleiten. Dieser decodiert den Befehl und liefert die Startadresse für das Mikroprogramm. Die dabei abgearbeitete Sequenz von Mikroinstruktionen kann schrittweise entweder als Adresse an das nROM eine Nanoinstruktion oder als eigene Adresse eine weitere Sub-Sequenz von Microinstruktionen aufrufen. Die eigentliche Ausführung des Befehls als Aktion in der Ausführungseinheit wird letztendlich durch den Inhalt der ausgewählten Nanoinstruktionen bestimmt.

Diese schematische Abarbeitung eines Befehls wird in der Realität durch Konzepte zur Parallelverarbeitung unterstützt, mit denen die Verarbeitungsleistung gesteigert werden kann. Insbesondere die Pipeline-Struktur und der Parallelbetrieb innerhalb der Ausführungseinheit sind beim MC 68 020 für die gesteigerte Leistungsfähigkeit mitverantwortlich. Beide werden im nächsten Unterpunkt vorgestellt.

Leistungsmerkmale

Unter Annahme der Standardtaktfrequenz (MC 68 020) von 16.67 MHz ergibt sich eine Zeitdauer von 60 ns für einen Taktzyklus. Unter dieser Voraussetzung kann für den MC 68 020 ein theoretischer Höchstdurchsatz von 8 MIPS errechnet werden, falls eine ausschließlich interne Verarbeitung von minimalen Befehlen (2 Taktzyklen) stattfinden würde. Natürlich besteht ein reales Programm nicht nur aus Minimalbefehlen, und im Normalfall kann auch nicht auf einen Hauptspeicherzugriff verzichtet werden, so daß die Beurteilung nach anderen Kriterien durchgeführt werden muß. Mit Hilfe mehrerer Benchmark-Tests, die eine möglichst neutrale Beurteilung gewährleisten sollen, wurde für den MC 68 020 ein Durchsatz von 2.5 - 3 MIPS gemessen. Dies entspricht einem durchschnittlichen Befehlszyklus von 6.7 bzw. 5.6 Taktzyklen, wobei der erste Wert mit ausgeschaltetem Cache ermittelt wurde. Bei diesen Messungen ist die Tatsache berücksichtigt, daß der MC 68 020 für einen externen Buszyklus (Hauptspeicherzugriff) 3 Taktzyklen benötigt.

Im Vergleich zum MC 68 000 läßt sich in etwa eine 2.5-fache Leistungssteigerung feststellen. Dafür sind mehrere Gründe verantwortlich, von denen die folgenden näher betrachtet werden:

- erhöhte Taktfrequenz
- verbreiterter Datenbus
- integrierter Befehlscache
- Pipeline-Struktur
- Parallelbetrieb innerhalb der Ausführungseinheit

Erhöhte **Taktfrequenz** und verbreiterter **Datenbus** sind zwei relativ einfache Möglichkeiten, um die Verarbeitungsleistung eines Prozessors anzuheben. Allerdings ergibt sich durch gesteigerte Taktfrequenz nicht unmittelbar eine proportionale Leistungssteigerung, denn für den Durchsatz sind auch externe Faktoren wie die Zugriffszeit auf den Hauptspeicher von Bedeutung. Ähnliches gilt auch für die zweite Möglichkeit, denn durch doppelte Anzahl von Datenleitungen wird keine Verdoppelung der Leistungsfähigkeit erzielt (Länge der Operanden etc.).

Der im MC 68 020 integrierte **Cache**-Speicher hat eine Kapazität von 256 Byte (64 Einträge bei 32 Bit Wortgröße) und wird ausschließlich für Befehle benutzt. Ein Zugriff auf einen Befehl im Cache dauert 2 Taktzyklen (120 ns), und der Cache wird immer dann beschrieben, wenn der Prozessor nach außen zugreift, um sich einen Opcode oder Operanden zu holen. Dabei lädt der Prozessor gleich mehrere aufeinanderfolgende Befehle in den Cache und realisiert damit ein Mehrfach-Wort-Befehls-Prefetch. Die Überprüfung, ob sich ein Befehl bereits im Cache befindet, wird während des Programmlaufs von einem Hardwaremechanismus (Assoziativspeicher) durchgeführt. Für spezielle Fälle, wie Debug- und Emulationsphasen, hat der Anwender die Möglichkeit, den Cache auszuschalten.

Durch diesen Befehlscache wird das 'Lokalitäts-Prinzip' von Programmen mit meist sequentieller Befehlsfolge unterstützt: wenn sich während der Programmausführung der aktuelle Befehl bereits im Cache befindet, erübrigt dies den Zugriff auf den Hauptspeicher und erhöht damit die Verarbeitungsgeschwindigkeit, es sei denn, der Befehl greift auf Daten im Hauptspeicher zu. Jedoch kann dann der Zugriff auf den Befehl im Cache und die Daten im Hauptspeicher gleichzeitig erfolgen. Zudem können die Befehle einer Programmschleife mit relativ kurzer Rückverzweigung komplett in den Cache geladen werden, und solange die Schleifenbedingung nicht erfüllt ist, muß kein Befehlszugriff auf den Hauptspeicher durchgeführt werden. Die damit verbundene Busentlastung ermöglicht eine höhere Systemleistung, da andere Busmaster wesentlich länger über den Bus verfügen können.

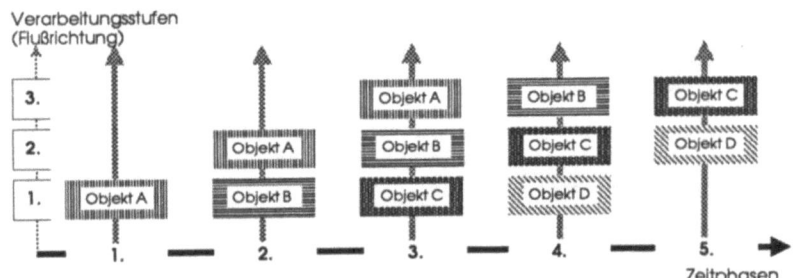

Grafik 4-9: Prinzip der Pipeline-Verarbeitung

Das Steuerwerk des MC 68020 ist in weiten Bereichen mit einer **Pipeline-Struktur** versehen. Diese Struktur ermöglicht nach dem Prinzip der Fließbandverarbeitung (Grafik 4-9) eine überlappende Abarbeitung von Befehlen und steigert damit die Leistungsfähigkeit des Prozessors. Dabei wird beim MC 68 020 (Grafik 4-10) überlappend zur Befehlsausführung (Execute) die Decodierung der Befehle (Decode) und das Erzeugen der eigentlichen Steuersignale (Control Generation) durchgeführt. Der Zeitaufwand zum Decodieren eines Befehls und zum Steuern seiner Funktionen wird nach außen hin nicht sichtbar, weil jede Stufe der Pipeline einen anderen Befehl bearbeitet. Zusätzlich wird das Holen und Decodieren eines Befehls durch eine sogenannte 3-Stufen-Pipe (Instruction Pipe; vgl. Grafik 4-6) unterstützt, mit der ein Prefetching von drei 16-Bit Wörtern (Drei-Worte-Prefetch) durchgeführt wird. Jede dieser drei Stufen enthält entweder OpCode oder einen Operanden (Konstante bzw. Adresse). Bei dieser Technik müssen Befehle bis zur letzten Stufe durchgereicht werden, da nur dort deren Abarbeitung möglich ist. Dagegen können Operanden zur Abarbeitung direkt übernommen werden.

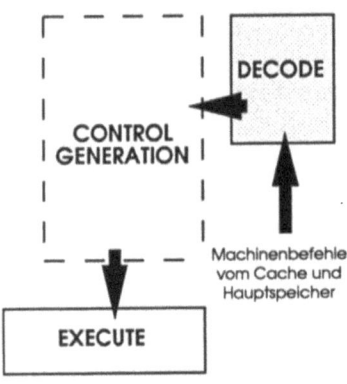

Grafik 4-10: Befehls-Pipeline beim MC 68 020

Prozessor / Coprozessor

Als **Parallelbetrieb** bezeichnet man die gleichzeitige Bearbeitung mehrerer Aufgaben. Die oben vorgestellte Pipeline-Struktur ist ein Beispiel dafür. Die Ausführungseinheit stellt ein weiteres Beispiel für den Parallelbetrieb dar. Ihre drei Funktionsabschnitte zur Befehls- und Operanden-Adreßberechnung sowie zur Datenmanipulation (vgl. Grafik 4-6) sind auf ihre Hauptfunktionen hin optimiert, können aber im Bedarfsfall auch für Berechnungen allgemeiner Art verwendet werden. Außerdem läßt sich jeder Block über einen schnellen Bus mit dem benachbarten Block verbinden. Beispielsweise findet die Multiplikation zweier 32-Bit Operanden zu einem 64-Bit Produkt im Operandenadressen- und im Datenteil statt. Diese Parallelarbeit der Blöcke ist durch den Microcode gesteuert. Weiterhin ist die Überlappung von Befehlen, die nicht auf den externen Bus zugreifen (Register-Register-Befehle, Cache-Befehle, Verzweigungsbefehle), mit einem vorhergehenden Schreibzyklus möglich.

Registersatz

Für die interne Abarbeitung von Befehlen werden Register benötigt, die je nach Art, Größe und Anzahl die Leistung des Prozessors und die Möglichkeiten der Programmierung mitbestimmen.

Beim MC 68 020 sind alle Arbeitsregister 32-Bit breit (32-Bit Prozessor) und können als Universalregister (general Register) verwendet werden. Im Gegensatz zu Prozessoren mit sogenannten Spezialregistern (dedicated register) wird mit diesen allgemeinen Registern u.a. eine höhere Flexibilität bei der Programmierung erreicht. Die Entscheidung, in welchem Register eine Operation durchgeführt wird, bleibt letztendlich dem Programmierer überlassen. Es wird zwar zwischen Adreß- und Datenregistern unterschieden, aber beispielsweise kann auch ein Adreßregister zur Datenhaltung oder ein Datenregister zur Speicherung einer Adreßdistanz benutzt werden.

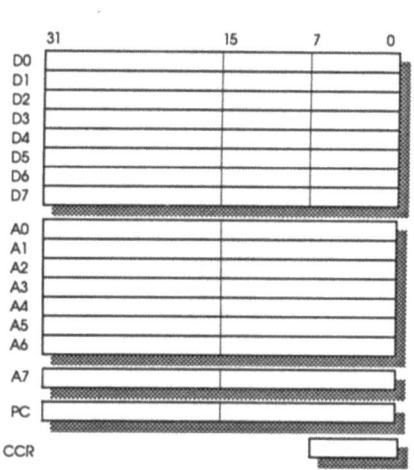

Grafik 4-11: Registermodell des Anwenders

Der Registersatz des MC 68020 kann in ein Modell für den Anwender (Grafik 4-11) und ein Modell für den Supervisor (Grafik 4-12) untergliedert werden. Damit wird hardwaremäßig die Verwaltung von zwei Betriebsmodi (User- und Supervisor-Modus) unterstützt. Während im User-Modus sämtliche Anwendungsprogramme ablaufen, ist der Supervisor-Modus

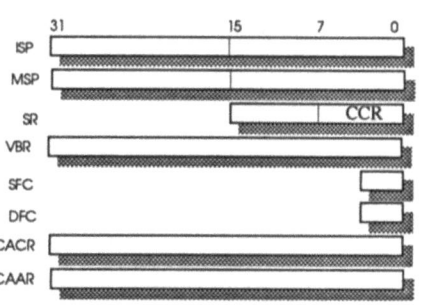

Grafik 4-12: Erweitertes Registermodell des Supervisors

für Systemprogramme (z.B. Betriebssystemroutinen) reserviert. Die Umschaltung zwischen den beiden Betriebsmodi erfolgt immer bei einer sogenannten Ausnahmeverarbeitung, die durch Exceptions (Ausnahmebedingungen) hervorgerufen wird.

Das Anwender-Modell enthält folgende Register (**User-Register**):
- acht 32-Bit Datenregister (D0 - D7)
- sieben 32-Bit Adreßregister (A0 - A6)
- ein 32-Bit Stackpointer (A7)
- den 32-Bit Programmzähler (PC)
- ein 8-Bit Condition-Code-Register (CCR)

Mit den Datenregistern können verschieden lange Operanden gespeichert werden: Bytes (8 Bits), Wörter (16 Bits) und Langwörter (32 Bits). Dagegen erlauben die Adreßregister nur Wörter und Langwörter als zulässige Formate. Sie können beispielsweise als Basis-Adreßregister oder Index-Adreßregister zum Adressieren von Operanden eingesetzt werden. Dazu muß der Inhalt des Adreßregisters als Speicheradresse auf den Adreßbus gelegt werden. Das Adreßregister A7 hat die besondere Eigenschaft, daß es vom Prozessor bei der Verwaltung von Unterprogrammaufrufen eingesetzt wird. Es enthält einen Zeiger auf einen bestimmten Speicherbereich (Stack), in dem die Parametersätze der Unterprogramme gestapelt werden. Im Programmzähler (Befehlszähler) wird die Adresse des Befehls gespeichert, der im Programmablauf als nächster abzuarbeiten ist. Das CC-Register ist Teil des Statusregisters und wird weiter unten besprochen.

Folgende Register sind für die Supervisor-Ebene reserviert (**Supervisor-Register**):
- ein 32-Bit Interrupt-Stackpointer (A7´; ISP)
- ein 32-Bit Master-Stackpointer (A7´´; MSP)
- ein 32-Bit Vektor-Basis-Register (VBR)
- ein 32-Bit Cache-Adreßregister (CAAR)
- ein 32-Bit Cache-Kontrollregister (CACR)
- ein 16-Bit Statusregister (SR)
- ein 3-Bit Source-Function-Code-Register (SFC)
- ein 3-Bit Destination-Function-Code-Register (DFC)

Mit den ISP- und MSP-Registern können zwei Supervisor-Stacks und mit dem VB-Register eine Tabelle mit Adressen von Ausnahmeroutinen verwaltet werden. Für Cache-Manipulationen werden ein Steuer- und ein Adreßregister (CACR, CAAR) eingesetzt. Die zwei Funktionscode-Register (SFC und DFC) werden bei speziellen Befehlen verwendet.

Eine Sonderstellung nimmt das 16 Bit breite **Statusregister** (Grafik 4-13) ein. Es ist in ein Systembyte mit Modusbits und ein Userbyte mit Bedingungsbits (CCR - Condition Code Register) unterteilt. Die Modusbits sind nur für den Supervisor verfügbar und legen den Trace-Modus (T1,T0), die Unterscheidung der beiden Betriebsarten User-State und Supervisor-State (S) und die Interruptmaske (I2, I1, I0) fest. Zudem wird angezeigt, ob sich der Prozessor im Master-Status befindet (M). In Verbindung mit dem Supervisor-Bit S definiert das M-Bit, welches Register als System-Stackpointer anzusprechen ist. Dieser (bei gesetztem M-Bit aktivierte) Stack wird nur für das Ablegen von prozeßorientierten Exceptions eingesetzt. Das Userbyte enthält den Bedingungscode (Condition Code) der aktuellen Operation und wird zur Verzweigungsentscheidung im Programmablauf benutzt. Es umfaßt neben den üblichen Bedingungsbits Negative (N), Zero (Z), Overflow (V) und Carry (C) ein Extendbit, das wie das Carrybit C die Bereichsüberschreitung für Dualzahlen anzeigt, wobei allerdings das C-Bit als Verzweigungsbedingung und das X-Bit als Übertragsbit für die um dieses Bit erweiterten Additions- und Subtraktionsbefehle dient.

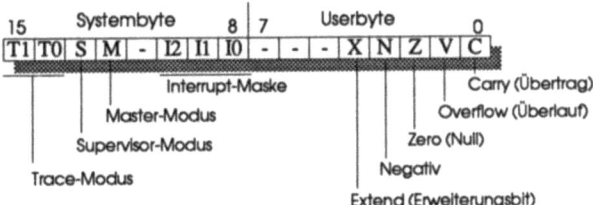

Grafik 4-13: Belegung des Statusregisters

Programmierung

Für die Beurteilung eines Mikroprozessors sind aus der Sicht des Programmierers Merkmale wie Befehlssatz, Datentypen oder die Adressierungsarten von großer Bedeutung. Der Vollständigkeit halber werden diese Merkmale des MC 68 020 in der folgenden Übersicht aufgelistet; auf eine ausführliche Diskussion wird jedoch bewußt verzichtet, da die Programmierersicht nicht Kernthema dieser Darstellung ist.

Der **Befehlssatz** des MC 68020 umfaßt insgesamt 113 Befehle, die in folgende zehn Befehlsgruppen unterteilt sind:

1. Daten-Transfer-Befehle (MOVE, EXG usw.)
2. Ganzzahlige Arithmetik (ADD, SUB, MULS, DIVS usw.)
3. Logische Befehle (AND, OR, EOR usw.)
4. Schiebe- und Rotierbefehle (ASL, ASR, ROL, ROR, SWAP usw.)
5. Bit-Manipulations-Befehle (BSET, BCLR usw.)
6. Bit-Feld-Befehle (BFSET, BFCLR usw.)
7. Dezimal/Binärcodierte Befehle (ABCD, SBCD usw.)
8. Befehle zur Systemsteuerung (BKPT, STOP, RESET usw.)
9. Programmsteuer-Befehle (CALLM, NOP, JMP, RTS usw.)
10. Mikroprozessor-Befehle (cpRESTORE, cpSAVE usw.)

Der Befehlssatz des MC 68020 baut auf 9 Datentypen und 18 Adressierungsarten auf.

Folgende **Datentypen** werden unterstützt:
- die drei gebräuchlichsten Datentypen: Byte, Wort und Langwort;
- Verarbeitung von Einzelbits und BCD-Ziffern;

- Bitfelder variabler Länge, gepackte BCD-Werte, Vierfach-Worte (8 Byte) und Operanden mit einer variablen Anzahl von Bytes;

Der MC 68020 verfügt über folgende 18 **Adressierungsarten**, die in 6 Gruppen eingeteilt werden können (vgl. Tabelle 4-1 bzgl. der Abkürzungen):

EA	=	Effektive Adresse
Dn	=	Datenregister
An	=	Adreßregister
Xn	=	Indexregister (Adreß- oder Datenreg.)
PC	=	Programmzähler
$d8$	=	8-Bit-Offset (Displacement)
$d16$	=	16-Bit-Offset (Displacement)
bd	=	16- oder 32-Bit-Basis-Offset
N	=	1 für Byte, 2 für Wort, 4 für Langwort
(...)	=	Inhalt von

Tabelle 4-1: Abkürzungen

1. Register-direkt:
   - Datenregister Direkt: EA = Dn
   - Adreßregister Direkt: EA = An
2. Register-indirekt:
   - Adreßregister Indirekt: EA = (An)
   - Adreßregister Indirekt mit Postinkrement: EA = (An), An <-- An + N
   - Adreßregister Indirekt mit Predekrement: An <-- An - N, EA = (An)
   - Adreßregister Indirekt mit Offset: EA = (An) + d_{16}
   - Adreßregister Indirekt mit Index und Offset:

   $$EA = (An) + (Xn) + d_8$$

   - Adreßregister Indirekt mit Index und Basis-Offset:

   $$EA = (An) + (Xn) + bd$$

3. Absolut:
   - Absolut Kurzwort: EA = (nächstes Wort)
   - Absolut Langwort: EA = (nächste zwei Wörter)
4. Daten unmittelbar
5. Speicher-indirekt:
   - Speicher Indirekt mit Pre-Index: EA = ((An) + (Xn) + bd) + od
   - Speicher Indirekt mit Post-Index: EA = ((An) + bd) + (Xn) + od
6. Programmzähler-relativ:
   - Relativ mit Offset: EA = (PC) + d_{16}
   - Relativ mit Offset und Index: EA = (PC) + (Xn) + d_8
   - Relativ mit Basis-Offset und Index: EA = (PC) + (Xn) + bd
   - Relativ Speicher Indirekt mit Pre-Index:

   EA = ((PC) + (Xn) + bd) + od

   - Relativ Speicher Indirekt mit Post-Index:

   EA = ((PC) + bd) + (Xn) + od

Prozessor / Coprozessor

Signalleitungen

Nach dieser Beschreibung der internen Merkmale werden im Schlußteil dieses Abschnitts die Signalleitungen und die Busstruktur des MC 68020 betrachtet. Damit werden die Randbedingungen für den Anschluß von Coprozessorbausteinen festgelegt.

Die 114 Anschlüsse des MC 68020 (Grafik 4-14; vgl. auch die Pinbelegung in Grafik 4-5) können wie folgt in 11 Gruppen eingeteilt werden:

1. Adreßbus   A0 - A31
   32-Bit Adreßbus zur Adressierung von 4 GB Speicher

2. Datenbus   D0 - D31
   32-Bit Datenbus zur Übertragung von 8-, 16- oder 32-Bits pro Buszyklus

3. Funktion-Codes   FC0 - FC2
   Identifizieren bei jedem Buszyklus den ausgewählten Adreßraum (Unused, CPU-Space User Data/Program, User Reserved, Supervisor Data/Program)

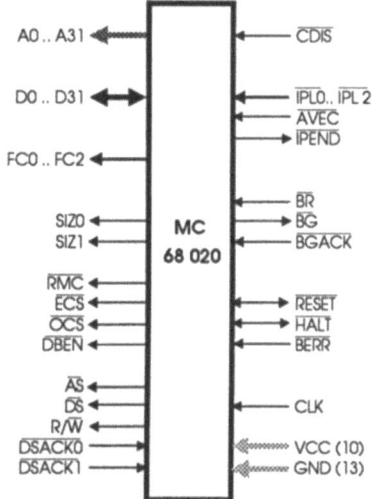

Grafik 4-14: Signalleitungen

4. Steuerung externer Elemente
   - RMC   (Read-Modify-Write Cycle - aktueller Buszyklus ist Teil einer Read-Modify-Write Operation)
   - ECS   (External Cycle Start - externen Busyklus starten)
   - OCS   (Operand Cycle Start - Operandentransfer starten)
   - DBEN   (Data Buffer Enable - Freigabesignal für externe Treiber)

5. Bus-Steuersignale
   - AS   (Address Strobe - Adressen sind gültig)
   - DS   (Data Strobe - Daten sind gültig bzw. können auf den Bus gelegt werden)
   - R/W   (Read/Write - Datentransferrichtung)
   - SIZ0, SIZ1 (Size - Anzahl der zu übertragenden Bytes)
   - DSACK0/1 (Data Transfer and Size Acknowledge - Quittungssignal für Datenübertragung und Anzeige der Portbreite)

6. Cache-Steuerung
   - CDIS   (Cache Disable - Befehlscache ein/ausschalten)

7. Interrupt-Steuerung
   - IPL0 - IPL2 (Interrupt Priority Level - kodierte Interrupt Priorität)
   - AVEC   (Autovector - spezielle Interruptbehandlung)
   - IPEND   (Interrupt Pending - Interrupt wurde erkannt, aber noch nicht behandelt)

8. Buszugriffssteuerung
   - BR   (Bus Request - Masterfunktion anfordern)
   - BG   (Bus Grant - Masterfunktion übergeben)
   - BGACK   (Bus Grant Acknowledge - Übernahme der Masterfunktion quittieren)

9. Abbruchsignale
   - RESET   (System zurücksetzen)
   - HALT   (Busaktivitäten einstellen)
   - BERR   (Bus Error - ungültige Busoperation)

10. Takt-Signale
    - CLK - Clock

11. Stromversorgung
    - Vcc - Power Supply
    - GND - Ground

Busstruktur und Buszyklen

Der MC 68020 besitzt einen asynchronen, nicht gemultiplexten Bus mit einer Buszykluszeit von 180 ns (3 Taktzyklen bei 16.67 MHz). Durch den nicht gemultiplexten Bus wird der Durchsatz optimiert und die Busschnittstelle vereinfacht. Die dynamische Busstruktur ist eine Neuerung des MC 68020, wodurch die Breite der Busschnittstelle zyklusweise veränderbar ist und somit Daten in 8-, 16- und 32-Bit Einheiten austauschbar sind. Die Vorteile der Busverbreiterung (höherer Durchsatz, 50 % weniger Buszyklen) wiegen den Mehraufwand an Leitungen und Bustreibern auf.

Im folgenden wird der prinzipielle Ablauf eines **Buszyklus** (Grafik 4-15) vorgestellt, bei dem der Prozessor Daten aus dem Hauptspeicher liest (Bus-Lesezyklus):

Das R/W-Signal liegt während des gesamten Lesezyklus auf "1" und legt damit die Transportrichtung ´Lesen´ in den adressierten Speichern und in den Datenbustreibern fest. Im 1. Taktzyklus gibt der Prozessor die Adreßsignale A0-A31 auf den Adreßbus. Da eine Sicherheitszone berücksichtigt werden muß, sind die Adreßsignale erst mit der fallenden Flanke von S0 gültig. Dies wird durch das Signal AS (Address Strobe) angezeigt, wobei wieder eine Sicherheitszone eingefügt werden muß, bis AS gültig ist (steigende Flanke von S2). Gleichzeitig mit AS setzt der Prozessor das

Datenstrobesignal (DS), um den adressierten Baustein aufzufordern, die gewünschten Daten auf den Datenbus zu geben. Danach müssen die Signale vom adressierten Baustein mit DSACK0/1 quittiert werden. Dies signalisiert dem Prozessor, daß er mit der nächsten abfallenden Taktflanke die Daten übernehmen kann. Nach der Übernahme setzt der Prozessor die Strobesignale AS und DS zurück und beendet den Lesezyklus.

Damit der oben beschriebene Bus-Lesezyklus in drei Taktzyklen durchgeführt werden kann, muß der adressierte Speicherbaustein die gewünschten Daten innerhalb einer Zugriffszeit (t_{acc}) von 85 ns bereitstellen. Diese Zeitspanne wird durch die Differenz (90 ns) zwischen der Datenübenahme und der Gültigkeit der Adressen (AS) bestimmt, von der weitere 5 ns für die ´data setup-time´ subtrahiert werden müssen. Beim Bus-Schreibzyklus des MC 68020, der ebenfalls in 3 Taktzyklen abläuft, ist das R/W-Signal im Gegensatz zum Lesezyklus aktiv "0".

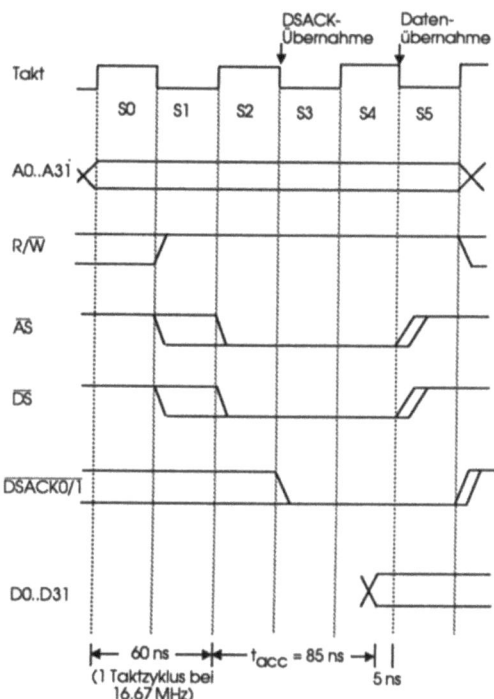

Grafik 4-15: Lesezyklus des MC 68 020

Coprozessor-Schnittstelle

Der MC 68020 ist mit einer Coprozessor-Schnittstelle ausgestattet, über die spezifische Erweiterungsbausteine angeschlossen werden können. Derartige Coprozessoren sind auf eine bestimmte Funktion hin optimiert (z.B. Gleitkomma-Verarbeitung, Grafikunterstützung usw.). Für die Schnittstellen-Konzeption gibt es prinzipiell zwei Lösungen und dementsprechend auch zwei Typen von Coprozessoren:

1. Coprozessoren, die nur für eine spezielle Hardware geschaffen wurden und damit auch mit besonderen Signalleitungen ausgestattet sind. Sie hören den Bus der CPU ab, nehmen die für sie bestimmten Befehle heraus und bearbeiten diese.

2. Coprozessoren, die wie Peripheriebausteine von der CPU angesprochen werden. In diesem Fall wird der Befehlsstrom ausschließlich von der CPU abgearbeitet. Die Coprozessoren sind über den normalen Adreß- und Datenbus mit der CPU verbunden und werden mittels einer Chip-

Select-Leitung aktiviert. Das Chip-Select-Signal wird durch Decodierung von Funktionscode- und Adreßsignalen erzeugt, womit die CPU bestimmt, welcher Coprozessor angesprochen wird.

Die Coprozessor-Schnittstelle des MC 68 020 (Grafik 4-16) ist nach dem zweiten Konzept realisiert, d.h. prinzipiell wird der Coprozessor wie eine Peripherieeinheit angesprochen. Dazu verfügt er über eine bestimmte Anzahl von Interface-Registern, in die der auszuführende Befehl und die dazu notwendigen Daten geschrieben werden. Aus der Sicht des Programmierers besteht der Unterschied zur Peripherieeinheit vor allem darin, daß der Coprozessor transparent erscheint, d.h. daß der MC 68 020 die Coprozessorbefehle erkennt und damit die Interfaceregister des Coprozessors selbständig programmiert. Der Ablauf einer Coprozessor-Aktivierung läßt sich wie folgt skizzieren:

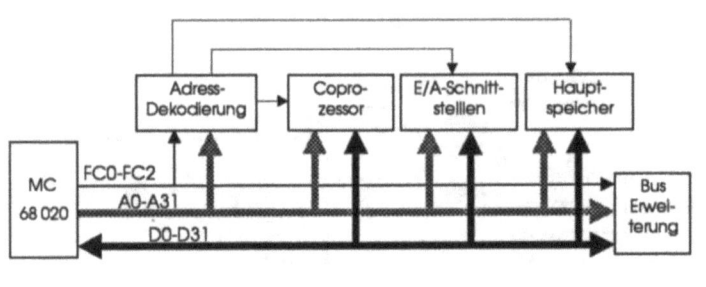

Grafik 4-16: Coprozessor Schnittstelle

- die CPU identifiziert einen Befehl als Coprozessorbefehl
- die CPU adressiert den entsprechenden Coprozessor über bestimmte Adress- und Funktionsleitungen
- diese Adressierung wird von einer Decodierschaltung in das Chip-Select-Signal für den entsprechenden Coprozessor umgesetzt
- der Coprozessor ist nun angesprochen und kann direkt mit der CPU die benötigten Daten austauschen; sämtliche Datentransfers des Coprozessors werden per Anforderung an die CPU von dieser durchgeführt.

Ein Coprozessor-Befehl besteht aus dem OpCode und bei der Zugriffsart "General" aus Erweiterungsworten, Adreßdistanzen und zusätzlichen Befehlsformaten, die durch den Coprozessor selbst bestimmt werden können. Der OpCode gliedert sich wie folgt:
- Bit 12..15   "1" (F-line-Anweisung)
- Bit 9..11   Coprozessor-Identität (Nr. des Coprozessors)
- Bit 6..8   unterscheidet Coprozessorzugriffe:
    - General (alle math. Funktionen)
    - Branch on Condition
    - Trap on Condition
    - Set on Condition
    - Decrement and Branch on Condition
    - Save (Retten der Register)
    - Restore (Rückspeichern der Register)
- Bit 0..5   effektive Adresse (bzgl. MC 68 020)

Prozessor / Coprozessor

Die Adreßleitungen sind wie folgt belegt:
- A4 - A0   bestimmen Registerauswahl im Coprozessor
- A12 - A5   "00000000"
- A15 - A13 Coprozessor-Identität
- A19 - A16 "0010" (CPU-Bereich Typenfeld)
- A31 - A20 "000000000000"

Die Funktionscodeleitungen FC0 - FC2 sind auf "1" gesetzt.

Über die Coprozessor-Schnittstelle lassen sich bis zu acht Coprozessoren anschließen, die gleichzeitig betrieben werden können. Als typischer Coprozessor wird im folgenden der MC 68 881 charakterisiert.

4.3.2 68 881 - Floating Point Coprozessor

Mit Hilfe des MC 68 881 Floating Point Coprozessors (FPCP) kann die Software-Berechnung von arithmetischen Funktionen auf Hardware übertragen werden, wodurch die Rechengeschwindigkeit wesentlich erhöht wird. Wenn der Coprozessor einmal gestartet worden ist, arbeitet er parallel zum Hauptprozessor und entlastet so die CPU. Der Anschluß des MC 68881 an den MC 68 020 ist in Grafik 4-17 dargestellt.

Der MC 68881 wird in HCMOS II-Technologie gefertigt (Verlustleistung 1 Watt). Er wird beim Mac-II mit einer Taktfrequenz von 15.7 MHz genau wie der MC 68020 betrieben, müßte allerdings nicht synchron zur CPU laufen. Die Datenbusbreite des MC 68881 ist flexibel (8-, 16- oder 32-Bit). Er ist in einem DIL-Gehäuse mit 64 Anschlüssen oder in einem PGA-Gehäuse mit 68 Pins erhältlich.

Befehlssatz des MC 68881:

- mathematische Befehle zur Addition, Multiplikation, Subtraktion, Division sowie zur Berechnung von trigonometrischen Funktionen, Exponentialfunktionen und Logarithmen usw.

- bedingte Sprünge (Branch on Condition)

- Move-Befehle

- bedingtes Setzen von Werten (Set on Condition)

- Retten und Rückspeichern des Coprozessorzustandes

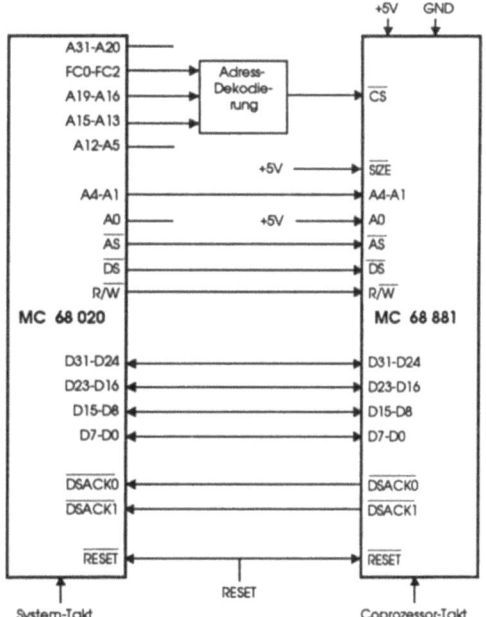

Grafik 4-17: MC 68 881 Anschluß

Registersatz des MC 68881:
- ein Coprozessor-Interface-Register
- acht 80-Bit Fließpunkt-Arithmetik "Arbeitsregister" zur Aufbewahrung von Ergebnissen;
- ein 32-Bit Statusregister mit Informationen über Exceptions oder Condition Codes;
- ein 32-Bit Kontrollregister zur Festlegung der freizugebenden Exceptions bzw. Traps und zur Bestimmung der Rundungsarten;
- ein 32-Bit Befehlsadreßregister (Zeiger auf den letzten Floating-Point-Befehl, der ausgeführt wurde);

Datenformate des MC 68881:
- Single-Precision (32 Bit)
- Double-Precision (64 Bit)
- Double Extended-Precision (80 Bit)

Dieser Abschnitt über Prozessor- und Coprozessorbausteine wird durch einen Zeitvergleich abgeschlossen. Tabelle 4-2 zeigt die unterschiedlichen Rechengeschwindigkeiten des MC 68 000, des MC 68 020 und des MC 68 881 bei 12 typischen arithmetischen Operationen. Die Zeitmessung wurde in PASCAL auf einem Macintosh II implementiert und mit verschiedenen Compileroptionen ausgeführt.

Operation	MC 68 000			MC 68 020		MC 68 881
	Integer	Longinteger	Real	Longinteger	Real	Real
+	5.0 E-4 ms	5.0 E-4 ms	2.5 E-1 ms	5.0 E-4 ms	2.5 E-1 ms	1.2 E-2 ms
-	3.3 E-4 ms	3.3 E-4 ms	2.5 E-1 ms	3.3 E-4 ms	2.5 E-1 ms	1.1 E-2 ms
*	2.0 E-3 ms	1.8 E-2 ms	2.5 E-1 ms	3.3 E-3 ms	2.5 E-1 ms	1.3 E-2 ms
/	4.0 E-3 ms	1.9 E-2 ms	2.6 E-1 ms	6.0 E-3 ms	2.6 E-1 ms	1.5 E-2 ms
√	2.7 E-1 ms	2.6 E-1 ms	2.7 E-1 ms	2.6 E-1 ms	2.7 E-1 ms	1.4 E-2 ms
x^2	2.0 E-3 ms	1.9 E-2 ms	2.6 E-1 ms	3.3 E-3 ms	2.6 E-1 ms	1.2 E-2 ms
sin	—	—	1.6 E-0 ms	—	1.6 E-0 ms	3.1 E-2 ms
cos	—	—	2.2 E-0 ms	—	2.2 E-0 ms	3.1 E-2 ms
tan	—	—	—	—	—	3.6 E-2 ms
arcsin	—	—	—	—	—	1.7 E-2 ms
arccos	—	—	—	—	—	1.9 E-2 ms
arctan	—	—	1.8 E-0 ms	—	1.8 E-0 ms	3.3 E-2 ms

Tabelle 4-2: Zeitmessung für arithmetische Operationen

4.4 Speicherorganisation

Die Leistungsfähigkeit eines Rechnersystems wird nicht nur durch die Konfiguration der Verarbeitungsgruppe mit Prozessor und Coprozessoren, sondern entscheidend auch durch die Kennzeichen und Organisation des Speichers bestimmt. Dabei sind im wesentlichen folgende zwei Kriterien für die Beurteilung eines Speichers relevant:

- Speicherkapazität, d.h. die Anzahl der Speicherzellen (Bytes)
- Zugriffszeit, d.h. die Zeitdauer für eine Schreib- bzw. Leseoperation

Bedingt durch physikalische Grenzen können beide Größen nicht gleichzeitig maximiert werden, d.h. große Speicher sind meist durch relativ hohe Zugriffszeiten und schnelle Speicher meist durch relativ kleine Kapazitäten gekennzeichnet. In der Praxis wird dieses Problem durch eine Hierarchie von Speichertypen (Grafik 4-18) umgangen, mit der die mittlere Zugriffszeit verkürzt wird. Diese Maßnahme stützt sich auf zwei Erfahrungswerte: erstens greifen 80 % aller Speicheroperationen auf 20 % der Daten zu (80/20-Regel), und zweitens wird bei zwei aufeinanderfolgenden Speicheroperationen mit hoher Wahrscheinlichkeit auf den gleichen Speicherbereich zugegriffen (Lokalitätsprinzip).

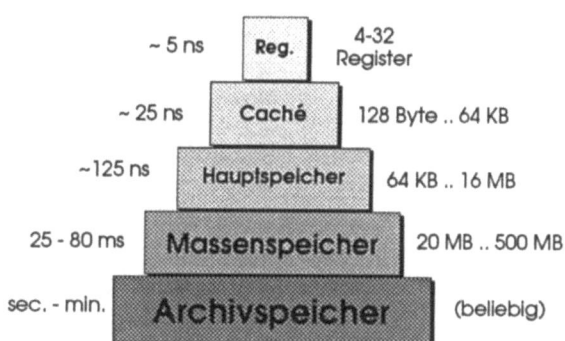

Grafik 4-18: Speicherhierarchie

Die Anordnung der Speichertypen ist so organisiert, daß die aktuell von der CPU benötigten Daten im schnellsten Speicher enthalten sind und somit relativ kleine Verzögerungen beim Speicherzugriff entstehen. Die entsprechende Bereitstellung dieser Daten wird von der Speicherverwaltung durchgeführt.

Beim Mac-II kann für die verschiedenen Hierarchiestufen folgende Zuordnung festgelegt werden: Register und ein Cache-Speicher für Befehle sind auf dem Prozessorchip integriert (vgl. Abschitt 4.3), der Hauptspeicher wird durch RAM- und ROM-Chips auf der Hauptplatine zur Verfügung gestellt, und der Hindergrundspeicher (Massen- und Archivspeicher) wird durch Disketten, Festplatten und andere periphere Speichermedien realisiert (vgl. Abschnitt 5.4).

In diesem Abschnitt wird die Konfiguration des Hauptspeichers und die hardwaremäßige Unterstützung der Speicherverwaltung näher betrachtet.

4.4.1 Speicherverwaltung

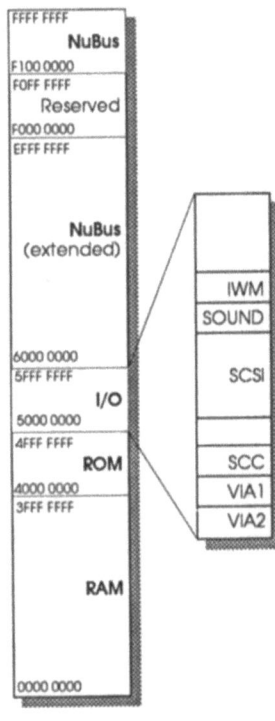

Grafik 4-19: Einteilung des 32-Bit Adreßbereichs

Mit den 32 Adreßleitungen des MC 68020 können 2^{32} (= 4.294.967.296 = 4 Giga) Speicherzellen adressiert werden. Damit ergibt sich ein physikalischer Adreßraum von 4 Giga-Byte. Dieser ist beim Mac-II in Unterbereiche eingeteilt (Grafik 4-19). Beispielsweise liegt der Arbeitsspeicher (RAM-Bereich) im unteren Teil des Adreßraums und der Festwertspeicher (ROM-Bereich) direkt darüber. Diese Aufteilung des gesamten Adreßraums erlaubt eine speicherbezogene Adressierung aller Systemeinheiten, d.h. nicht nur Zugriffe auf den Hauptspeicher, sondern auch Zugriffe auf E/A-Einheiten erfolgen mittels Schreib-/Leseoperationen (memory mapped I/O), wobei je nach Einheit ein spezieller Bereich adressiert werden muß.

Neben der Unterteilung des physikalischen Adreßraums und der Zuteilung von Speicherplatz verlangt insbesondere das Arbeiten mit logischen Adressen eine leistungsfähige Speicherverwaltung. Diese ist als Komponente des Betriebssystems implementiert und kann durch Hardwareeinheiten (Memory Management Unit, MMU) unterstützt werden.

In Grafik 4-20 wird die logische und physikalische Adreßbelegung für ein System mit 2 Benutzern dargestellt. Ein Task stellt dabei ein beliebiges ablauffähiges Programm (Editor, Compiler, spezielles Anwenderprogramm usw.) dar. Diese Tasks werden bei der Übersetzung mit logischen Adressen belegt, die meistens mit der Anfangsadresse Null beginnen. Beim Laden in den Hauptspeicher werden dann die physikalischen Adressen generiert.

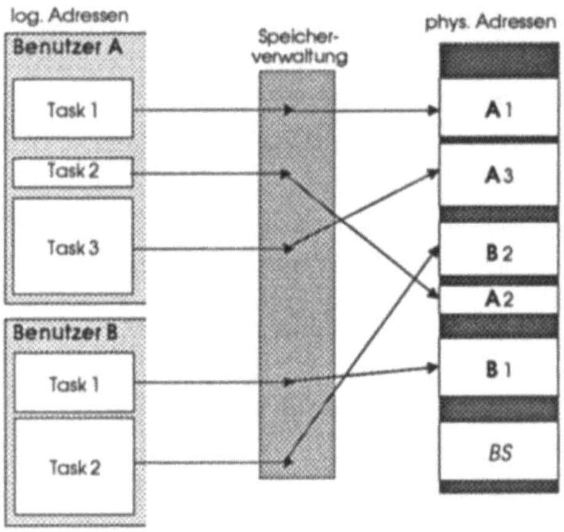

Grafik 4-21 zeigt die Einordnung einer MMU, die prinzipiell folgende Aufgaben unterstützen soll:

• Umwandlung der logischen in die physikalische Adresse, so daß beispielsweise Datenblöcke innerhalb des physikalischen Adreßraumes verschoben werden können, ohne daß sich die logische Adresse ändern muß;

• dynamische Zuteilung von Speicherplatz, so daß sich immer nur die wirklich benötigten Datenblöcke im Hauptspei-

Grafik 4-20: Logische und physikalische Adressen

Speicherorganisation

cher befinden (virtuelle Speicherverwaltung);

• Speicherschutz durch die Definition und Überwachung von Zugriffsrechten auf bestimmte Speicherbereiche.

MMUs werden vorrangig in Computersystemen eingebaut, die mit Multiuser/Multitasking-Betriebssystemen (z.B. Unix) arbeiten. Der Mac-II ist standardmäßig mit einer AMU (Address Mapping Unit) ausgestattet, die im Bedarfsfall (UNIX-Betriebssystem) durch eine PMMU (Paged Memory Managment Unit) ersetzt werden kann. Beide Bausteine werden im folgenden kurz charakterisiert.

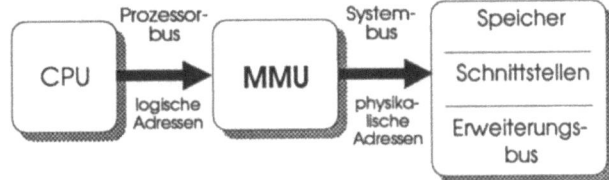

Grafik 4-21: Einordnung der MMU

AMU - Address Mapping Unit

Die Hauptaufgabe der AMU ist die Umwandlung von logischen 24-Bit-Adressen in 32-Bit breite physikalische Adressen. Diese 24/32-Bit-Adreßabbildung ist notwendig, um Software, die ursprünglich für den 16 MB Adreßraum des MC 68 000 (Macintosh Plus) entwickelt wurde, auch auf dem Mac-II einsetzen zu können. In diesem 24-Bit-Kompatibilitäts-Modus ignoriert die AMU die 8 höchstwertigen Adreßbits des MC 68 020 und transformiert die verbleibende 24-Bit-Adresse des 16 MB Adreßraums in die 32-Bit-Adresse des Mac-II Adreßraums. Durch diese Umwandlung werden alle Komponenten des Systemkerns innerhalb des 32-Bit Adreßraums angesprochen. Grafik 4-22 zeigt die 24/32-Bit Adreßabbildung.

Die AMU wurde als anwendungsspezifischer Baustein (vgl. Abschnitt 4.6) entworfen und gefertigt. Sie kann durch einen speziellen Betriebssystembefehl auch in einen 32-Bit-Modus umgeschaltet werden, in dem die komplette Adresse des MC 68 020 unverändert durchgeschaltet wird.

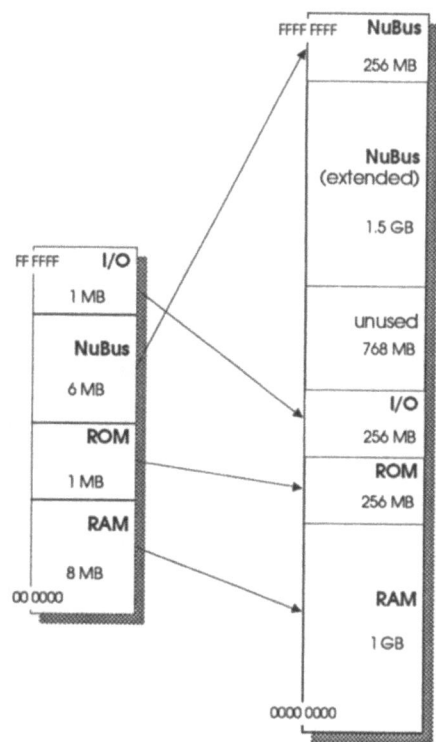

Grafik 4-22: 24/32-Bit Adreßabbildung

PMMU - Paged Memory Management Unit

In Computersystemen, bei denen die von der CPU generierten Adressen direkt physikalische Bereiche ansprechen, ist Multitasking nur mit Einschränkungen möglich, da kein Mechanismus zum gegenseitigen Schutz der Speicherbereiche einzelner Tasks existiert. Erst Systeme mit virtueller Adressierung erlauben Multitasking. Ein typisches Kennzeichen für virtuelle Systeme ist die Tatsache, daß der virtuelle Adreßraum größer als der tatsächlich physikalisch vorhandene Adreßraum sein kann.

Bei Multitasking-Betriebssystemen wie UNIX muß die MMU sowohl die Umwandlung der logischen Adressen vom Prozessor in physikalische Adressen als auch eine dynamische Zuteilung von Speicherplatz ermöglichen. Deswegen bietet der Mac-II die Möglichkeit, den Speicherverwaltungsbaustein MC 68851 (PMMU) einzubauen, der die virtuelle Seitenadressierung unterstützt. Dieser Baustein wird auf der Hauptplatine anstelle der AMU installiert und ermöglicht alternativ zum Standardbetriebssystem des Macintosh die Verwendung des Betriebssystems A/UX (Apple Unix). Wird das Standardbetriebssystem eingesetzt, so übernimmt der MC 68 851 die Aufgaben der AMU.

Der 32-Bit-Baustein MC 68 851 ist in HCMOS-Technologie gefertigt und wird beim Mac-II als Coprozessor mit einer Taktfrequenz von 15.7 MHz betrieben. Er erweitert den Befehlssatz des MC 68 020 u.a. mit Kontrollbefehlen für das Laden und Speichern der PMMU-Register.

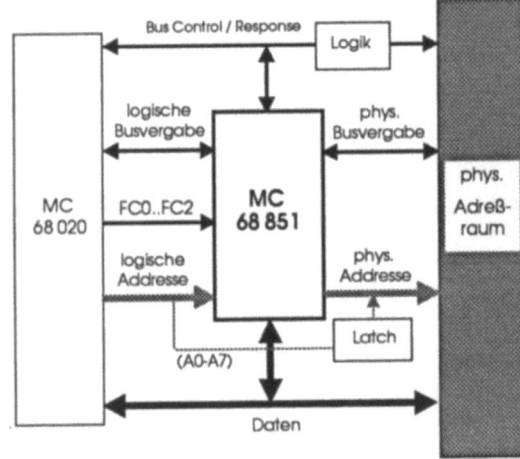

Grafik 4-23: MC 68 851 Anschluß

In der Systemkonfiguration MC 68 020 / MC 68 851 (Grafik 4-23) ist der Adreßbus in zwei Bereiche aufgeteilt, die logische und physikalische Adressen transportieren. Die logische Adresse wird von der CPU erzeugt und an den Speicherverwaltungsbaustein übergeben. Dieser führt die Adreßumwandlung in die physikalische Adresse durch und kontrolliert die Zugriffsberechtigung. Die Abbildung der logischen in die physikalische Adresse ist zur Leistungssteigerung vollständig in Hardware implementiert, so daß für die Mehrzahl aller Buszyklen die Adreßabbildung in weniger als einer Taktperiode (60 ns) durchgeführt werden kann. Dazu wird ein ATC (Address Translation Cache) mit 64 Einträgen verwendet.

Die PMMU unterstützt das Demand Paging-Verfahren mit Seitengrößen

Speicherorganisation

von 256 Bytes bis 32 KB. Über das Demand Paging-Verfahren werden bei Engpässen nur die Seiten im RAM-Bereich gehalten, die momentan wirklich benötigt werden. Seiten, die momentan nicht referenziert werden, befinden sich im Hindergrundspeicher (z.B. Festplatte) des Systems und werden bei Bedarf in den Hauptspeicher geladen.

4.4.2 Hauptspeicher

Der Aufbau des Hauptspeichers kann in zwei Teilbereiche, einen Festwertspeicher (ROM) und einen Arbeitsspeicher (RAM) untergliedert werden. Beide werden durch entsprechende Halbleiterbausteine auf der Hauptplatine realisiert. Im folgenden werden die Teilbereiche bzgl. Konfiguration, Funktion und Inhalt näher betrachtet.

RAM - Bereich

Der RAM-Bereich stellt den eigentlichen Arbeitsspeicher des Mac-II dar, bei dem jede Speicherzelle einzeln adressierbar und inhaltlich veränderbar ist. Entsprechend der Aufteilung des physikalischer Adreßraums (vgl. Grafik 4-19) ist 1 GB für den RAM-Bereich reserviert. Hardwaremäßig wird der Mac-II mit 1 MB RAM ausgestattet (Standardkonfiguration). Mit den z. Zt. verfügbaren MegaBit-Speicherchips kann der RAM-Bereich auf der Hauptplatine ('Onboard') bis zu 8 MB erweitert werden. Dies entspricht auch der Arbeitsspeichergröße, die im 24-Bit Modus adressiert werden kann. Das Limit für die Onboard-Größe des RAM ist auf 128 MB festgelegt, für den Fall, daß 16 MBit-Chips gefertigt werden können. Diese Obergrenze ist durch die Adreßmultiplexer und die Verdrahtung der Adressleitungen bedingt. Rein theoretisch kann der RAM-Bereich mit Hilfe von NuBus-Zusatzkarten bis auf 2 GB erweitert werden.

Die RAM-Konfiguration wird mit sogenannten SIMMs (Single Inline Memory Modules) realisiert, die jeweils mit 8 RAM-Chips (Bild 4-4) bestückt sind. Zur Installierung der SIMMs sind 8 Sockets vorgesehen, die in zwei Bänken à 4 Sockets (Grafik 4-24 und Bild 4-5) angeordnet sind. Dabei müssen entweder eine Bank vollständig oder zwei Bänke vollständig mit SIMMs ausgestattet sein, wobei innerhalb einer Bank

Bild 4-4: SIMM mit 8 RAM-Chips

nur RAM-Chips mit der gleichen Kapazität verwendet werden dürfen. Durch die Kombination von 4 SIMMs in einer Bank wird eine Datenbusbreite von 32 Bit zur Verfügung gestellt, da pro SIMM mit Byte-Einheiten operiert wird. Momentan kann der Mac-II je nach Speicherkapazität der RAM-Chips (256 KBit- oder 1 MBit-Chips) mit einer der folgenden 5 RAM-

Konfigurationen ausgestattet werden:

D23..D16	Byte 1	
D31..D24	Byte 0	Bank A
D7..D0	Byte 3	
D15..D8	Byte 2	

D23..D16	Byte 1	
D31..D24	Byte 0	Bank B
D7..D0	Byte 3	
D15..D8	Byte 2	

Grafik 4-24: RAM- Konfiguration

- 1 MB RAM:
  eine Bank mit 4 SIMMs und 256 KBit-Chips;
- 2 MB RAM:
  zwei Bänke mit insgesamt 8 SIMMs
  und 256 KBit-Chips;
- 4 MB RAM:
  eine Bank mit 4 SIMMs und 1 MBit-Chips;
- 5 MB RAM:
  eine Bank mit 4 SIMMs und 256 KBit-Chips
  sowie eine Bank mit 4 SIMMs und 1 MBit-Chips;
- 8 MB RAM:
  zwei Bänke mit insgesamt 8 SIMMs
  und 1 MBit-Chips.

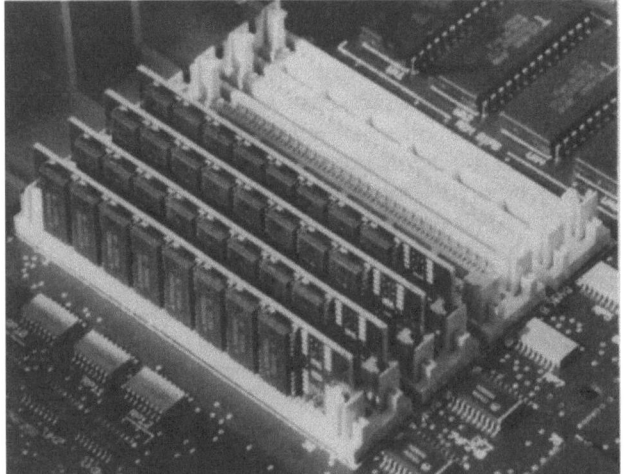

Bild 4-5: 8 Sockel mit 4 SIMMs bestückt

Zur Bestückung der SIMMs werden dynamische RAM-Chips (DRAMs) mit Zugriffszeiten von maximal 120 ns verwendet. Diese sind durch eine hohe Integrationsdichte gekennzeichnet, da sie zur Speicherung von einem Bit lediglich einen Transistor benötigen. Prinzipiell wird dabei durch ein Spannungspotential die Speicherinformation festgelegt. Der Nachteil gegenüber statischen RAMs (SRAMs) liegt darin, daß sich die gespeicherte Ladung relativ schnell entlädt und durch einen Refresh-Mechanismus erneuert werden muß. SRAMs hingegen speichern ein Bit durch eine bistabile Schaltung (Flip-Flop), für deren Aufbau mindestens 4 Transistoren benötigt werden. Damit ist pro Speicherzelle der Flächenbedarf und implizit auch der Kostenfaktor höher als bei DRAMs.

Die typischen Merkmale eines DRAMs werden am Beispiel des MegaBit-Chips ´MB811001´ der Firma Fujitsu näher erläutert. Mit diesem in NMOS-Technologie gefertigten Halbleiterspeicher können 1.048.576 Bits bei einer Zugriffszeit von maximal 120 ns gespeichert werden. Die Signalleitungen und ein Blockdiagramm mit den internen Funktionskomponenten sind in

Speicherorganisation

Grafik 4-25 bzw. 4-26 dargestellt. Über die Ein-/Ausgabepuffer können Daten bitweise abgespeichert oder ausgelesen werden. Die erforderliche 20-Bit Adresse wird durch ein Multiplexverfahren eingelesen, mit dem die jeweils 10-Bit breite Zeilen- und Spaltenadresse in zwei Schritten über die Adreßpins A0 - A9 eingelesen wird. Nach der Decodierung der Zeilen- und Spaltenadresse kann dann ein Speicherelement $S_{i,j}$ der 1024 x 1024 Speichermatrix durch Auswählen der Zeile i und der Spalte j adressiert werden. Durch diese Organisationsform wird der Aufwand für die Decodierung erheblich reduziert.

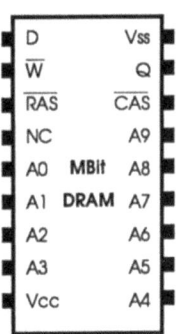

Grafik 4-25: Signalleitungen

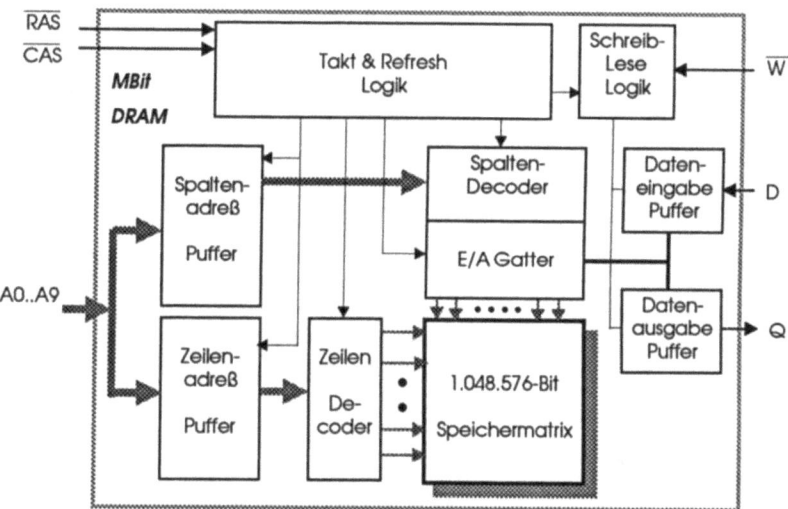

Grafik 4-26: Blockdiagramm eines MBit-DRAMs

Für den 24-Bit Modus kann der Gesamtablauf eines Lesezugriffs auf den Hauptspeicher wie folgt skizziert werden:
- die CPU legt eine Adresse im Bereich von $xx00 0000 bis $xx7F FFFF auf den logischen Adreßbus und signalisiert auf der R/W-Leitung den Lesezugriff;
- die MMU ignoriert das höchstwertige Byte und übersetzt die 24-Bit Restadresse in eine entsprechende physikalische 32-Bit Adresse;
- die GLUE decodiert die physikalische Adresse als Zugriff auf den RAM-Bereich;
- die Adreß-Muliplexer (Address-MUXs; vgl. Grafik 4-2) lösen die physikalische 32-Bit Adresse je nach Größe der Speicherchips in zwei 9-, 10-, 11- oder 12-Bit Teile (Zeilen- und Spaltenadresse) auf;

- mit dem von der GLUE generierten RASa (Row Address Strobe für Bank a) bzw. RASb wird eine Bank ausgewählt und gleichzeitig die Zeilenadresse in die entsprechenden DRAMs übernommen;
- Die GLUE generiert ein oder mehrere CAS-Signale (Column Address Strobe). Mit diesen werden je nach Wortbreite 1, 2 oder 4 SIMMs ausgewählt und gleichzeitig die Spaltenadresse in die entsprechenden DRAMs übernommen
- Nach Ablauf der DRAM-internen Zugriffszeit sind die Daten gültig auf dem Datenbus. Da die GLUE diese Zeit kennt, generiert sie das DSACK-Signal und zeigt damit der CPU an, daß die Daten mit der nächsten Taktflanke übernommen werden können.

Bei diesem Hauptspeicherzugriff wird der Lesezyklus des MC 68 020 erstens durch die MMU und zweitens durch den Zugriffsmechanismus um zwei Taktzyklen verlängert (2 wait states). Die durchschnittliche Zugriffsrate auf den Arbeitsspeicher beträgt ca. 12.5 MB pro Sekunde. Im Gegensatz zu den 10 Adreßpins der oben beschriebenen Mbit-DRAM ist jeder SIMM-Sockel mit 12 Adreßanschlüssen ausgestattet. Damit sind 16-MBit Chips einsetzbar und eine Arbeitsspeicherkapazität von 128 MB kann konfiguriert werden.

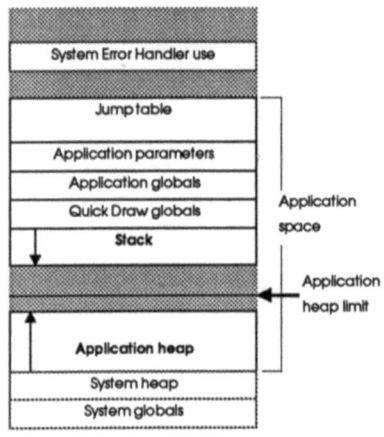

Grafik 4-27: Inhalt und Einteilung des Arbeitsspeichers

Inhaltlich wird der RAM-Bereich zur Speicherung von laufenden Programmen und den dabei benötigten Daten eingesetzt. Dazu wird der Arbeitsspeicher entsprechend Grafik 4-27 in Sektionen eingeteilt. Diese sind entweder für das Betriebssystem reserviert, wie beispielsweise der ´System Heap´ und der ´System Error Handler´, oder können einem applikationsspezifischen Speicherbereich (Application Space) zugeordnet werden.

Ein Programm kann dynamisch Speicherplatz in den zwei RAM-Zonen Stack und Heap belegen und freigeben. Der Stack und der Application-Heap belegen einen zusammenhängenden Speicherbereich, wobei die beiden Teilbereiche für Stack und Heap von den beiden Enden des Speicherbereiches aufeinander zuwachsen.

Das Application-Heap-Limit markiert die Grenze zwischen der Heap-Zone und dem exklusiv für den Stack reservierten Speicherbereich. Spezielle Fehlerroutinen überprüfen in gewissen zeitlichen Abständen die momentanen Grenzen von Heap und Stack, um Kollisionen zu erkennen.

Der **Stack** ist ein Speicherbereich, der nach dem LIFO-Prinzip (Last-In-First-Out) an einem Ende (Top of Stack) wachsen und schrumpfen kann, während er am anderen Ende unveränderlich ist. Er dient der Ablage von lokalen statischen Variablen (z.B. VAR-Parameter in Pascal) sowie dem Austausch von Parametern zwischen den Toolbox-Routinen. Bei jedem Proze-

Speicherorganisation 63

dur/Routinen-Aufruf wird auf dem Stack Speicherplatz für Parameter, Rückkehradressen und lokale Variablen belegt.

Der **Heap** stellt Speicherplatz für dynamische Variablen, für Programmcode und Ressourcen bereit. Der Heap ist in einen System-Heap und einen Application-Heap aufgeteilt. Der System-Heap wird vom Betriebssystem genutzt und der Application-Heap von Toolbox-Routinen und Anwendungsprogrammen. Die Anforderung und Freigabe von Speicherplatz für dynamische Variablen geschieht unter expliziter Programmkontrolle. Im Gegensatz zum Stack kann der nach der First-Fit-Strategie vergebene Speicherplatz des Heap in freie und belegte Blöcke zerstückelt werden, so daß bei Bedarf eine Reorganisation des Heap durchzuführen ist, um größere zusammenhängende freie Blöcke zu erhalten. Damit die Heap-Blöcke verschoben werden können, wird bei der Anforderung von Speicherplatz ein Pointer (Handle) auf einen Master-Pointer für die Applikation bereitgestellt (Grafik 4-28). Der Master-Pointer enthält die Adresse des Heap-Blockes und wird ebenfalls im Heap abgelegt, darf aber nicht verschoben werden.

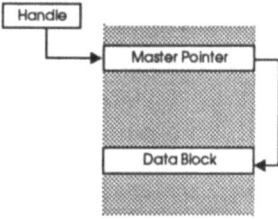

Grafik 4-28: Verschiebbare Datenblöcke

ROM - Bereich

Der ROM-Bereich ist ein Festwertspeicher, der mit 4 ROM-Chips realisiert wird. Diese sind dadurch gekennzeichnet, daß ihr Inhalt einmal programmiert wird und dann permanent zur Verfügung steht. Insbesondere muß der Inhalt nicht durch einen Refresh-Mechanismus erneuert oder nach Ausschalten der Spannungsversorgung neu geladen werden.

Für den Festwertspeicher steht ein physikalischer Adreßbereich von 256 MB zur Verfügung. Die hardwaremäßige Standardkonfiguration des Mac-II wird durch 4 ROM-Chips à 512 KBit (64 K x 8 Bit) auf der Hauptplatine realisiert. Damit wird ein 32-Bit Datenbus und ein ROM-Bereich von 256 KB zur Verfügung gestellt. Die 4 ROM-Sockets können auch mit 1 MBit ROM-Chips (128 K x 8 Bit) ausgestattet werden, so daß sich insgesamt ein 512 KB ROM-Bereich ergibt.

Ebenso wie beim RAM-Zugriff müssen auch beim Zugriff auf den ROM-Bereich 2 Taktzyklen als Wartezeit eingebaut werden. Der Festwertspeicher wird ausschließlich von der CPU mit einer Zugriffsrate von 12.53 MB pro Sekunde benutzt.

Inhaltlich sind im ROM-Bereich wesentliche Teile des Macintosh-Betriebssystems sowie eine Sammlung spezieller, in Maschinensprache geschriebener Hilfsprogramme (User Interface Toolbox; siehe Abschnitt 3.3) gespeichert. Diese Routinen können von jedem Anwenderprogramm benutzt werden und bilden damit die Basis für die Gestaltung einer einheitlichen Benutzeroberfläche.

4.5 Schnittstellen-Bausteine

Schnittstellen-Bausteine sind spezielle Bauelemente, die den Systembus an periphere Verbindungssysteme (Leitungen, Bussysteme etc.) anpassen und damit die Verbindung zwischen Prozessor und peripheren Geräten herstellen (vgl. Grafik 4-1). Die Verbindung ist notwendig, um einen Datentransport zwischen den unterschiedlichen Teilsystemen zu ermöglichen. Über diese Hardware-Schnittstellen (Interfaces) werden Daten und Steuerinformationen ausgetauscht, wobei die Datenübertragung auf die Merkmale der einzelnen Teilsysteme (Datenbreite, Übertragungsgeschwindigkeit, Übertragungsart, Übertragungspegel usw.) abgestimmt sein muß. Grafik 4-29 zeigt den prinzipiellen Aufbau einer Hardware-Schnittstelle.

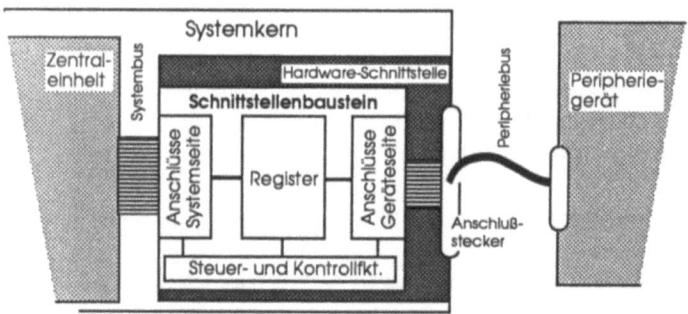

Grafik 4-29: Prinzipieller Aufbau einer Hardware-Schnittstelle

Außer den Anschlüssen für die Prozessor- bzw. Geräteseite stellt ein Schnittstellen-Baustein mehrere Register zur Verfügung, mit denen Daten zwischengespeichert, Einstellungen festgelegt und Zustände angezeigt werden können. Auf diese Register greift der Prozessor i.a. byte-parallel über den Systembus zu, wobei über spezielle Speicherbereiche (vgl. Grafik 4-19) adressiert wird. Im Gegensatz zur Prozessorseite ist die Geräteseite je nach Peripheriegerät unterschiedlich ausgelegt. Dementsprechend können die Schnittstellen-Bausteine in verschiedene Klassen eingeteilt werden, wobei im wesentlichen folgende vier Kriterien zu berücksichtigen sind.

• Bei einer **parallelen** Schnittstelle werden zwar die Daten auch auf der Geräteseite parallel übertragen, jedoch meist mit einer wesentlich geringeren Geschwindigkeit als auf der Prozessorseite. Die parallele Übertragung läßt hohe Übertragungsraten zu, wird aber wegen des relativ großen Materialaufwandes nur für kurze Strecken, wie z.B. den Anschluß von Peripheriegeräten an den Systemkern, verwendet. Die Centronics-Schnittstelle (Druckeranschluß über 8 parallele Leitungen) ist ein Standardbeispiel für zeichenserielle, bitparallele Übertragung.

• Bei einer **seriellen** Schnittstelle werden die Daten auf der Geräteseite bitweise sequentiell übertragen. Dazu genügen wenige Leitungen, die auch über längere Entfernungen kostengünstig verlegt werden können. Eine ähnlich hohe Übertragungsrate wie bei der Parallelübertragung kann bei

Schnittstellen-Bausteine

gleichem Übertragungsmedium allerdings nicht erwartet werden.

- Schnittstellen zur **synchronen** Datenübertragung sind durch ein gemeinsames Timing-Signal (zusätzliche Taktleitung oder Taktrückgewinnung) mit dem peripheren Gerät gekoppelt. In einem synchronen System existiert ein konstantes Zeitintervall zwischen zwei aufeinanderfolgenden Ereignissen, die von unterschiedlichen Teilnehmern ausgeführt werden.

- Schnittstellen zur **asynchronen** Datenübertragung sind nicht durch ein gemeinsames Timing-Signal synchronisiert. Bei asynchroner Datenübertragung sind Sende- und Empfangssteuerung nur für begrenzte Zeit im Gleichlauf. Dieses Verfahren wird auch Start/Stop-Betrieb genannt, weil Anfang und Ende eines Zeichentransfers durch die Übertragung von Start- bzw. Stopsignalen angekündigt werden (Grafik 4-30).

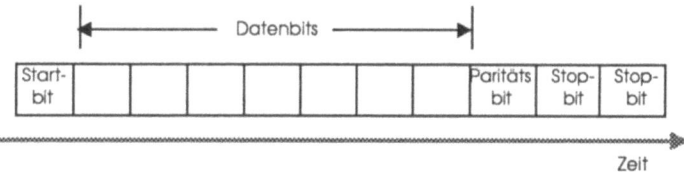

Grafik 4-30: Asynchrone Datenübertragung

Die **seriell asynchrone** Datenübertragung stellt ein häufig verwendetes Verfahren dar. Dabei wird ein Startbit vor dem Zeichen übertragen und ein bzw. kein Paritätsbit sowie ein oder zwei Stopbits werden nach dem Zeichen übermittelt. Dieses Verfahren wird beispielsweise bei der V.24- bzw. bei der RS 232C-Schnittstelle angewandt, die von unterschiedlichen Institutionen genormt wurden.

Bei der Normierung von Schnittstellen müssen u.a. folgende Merkmale festgelegt werden:
- Art der Anschlußstecker;
- Anzahl und Bedeutung der verwendeten Leitungen;
- Darstellung der logischen "0" und "1";
- Übertragungsgeschwindigkeit (Anzahl der Bits pro Zeiteinheit)
- Datenformat (Anzahl der Bits pro Byte, Art der Paritätsbits und Zahl der Stopbits bei asynchroner Datenübertragung).

In den folgenden Unterpunkten werden drei unterschiedliche Schnittstellen-Bausteine (VIA, SCC und SCSI) betrachtet, die als Standard-Bauelemente verfügbar und im Mac-II zum Anschluß von peripheren Geräten (vgl. Grafik 4-2) eingebaut sind. Neben diesen Standard-Bauelementen ist der Mac-II mit weiteren Schnittstellen-Bausteinen (IWM, ASC) ausgestattet, die jedoch als anwendungsspezifische Chips (ASIC-Bauelemente; vgl. Abschnitt 4.6) hergestellt werden.

4.5.1 VIA - Versatile Interface Adapter

Der 6522 VIA (Versatile Interface Adapter) ist ein vielseitiger Schnittstellenadapter zum Anschluß von verschiedenen Peripheriegeräten an den Systembus. Auf der Geräteseite wird die Verbindung über zwei 8-Bit breite bidirektionale Ports A und B ermöglicht, die auch bitweise geschaltet werden können. Die Signalleitungen des Rockwell 6522 VIA-Chips sind in Grafik 4-31 dargestellt.

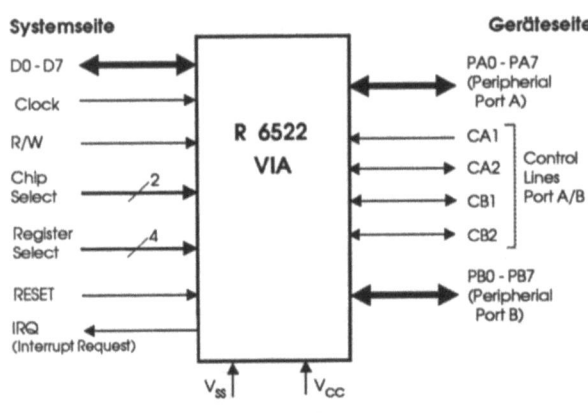

Grafik 4-31: Signalleitungen des R 6522 VIA-Chips

Den prinzipiellen Aufbau des R 6522 zeigt Grafik 4-32. Der Baustein besitzt 16 interne Register und zwei 16-Bit-Zähler (Timer1, Timer 2). Jedem Port ist ein Register zur bitweisen Spezifikation der Datenrichtung (Eingabe- oder Ausgabeoperation), sowie ein Eingabe- und ein Ausgabe-Register zugeordnet. Jedes Pin der Ports A und B wird durch das korrespondierende Bit im Eingabe- bzw. Ausgabe-Register kontrolliert. Eine "0" bzw. eine "1" im Ausgabe-Register erzeugt bei einer Ausgabeoperation eine "0" bzw. "1" am entsprechenden Pin des Ports. Analog erzeugt bei einer Eingabeoperation eine "0" bzw. "1" am Pin des Ports eine "0" bzw. "1" im Eingabe-Register. Die Daten aus dem Eingabe-Register werden dann über die Datenleitungen D0-D7 dem Prozessor zur Verfügung gestellt.

Beim Datenaustausch zwischen Prozessor und Peripheriegeräten über den VIA-Baustein wird auf der Systemseite synchron gearbeitet. Auf der Geräteseite kann beispielsweise ein asynchrones Verfahren mit Hilfe der **Handshake-Methode** durchgeführt werden. Beim Handshake-Verfahren wird der Datenaustausch durch gegenseitige Rückmeldungen kontrolliert. Port A benutzt das Handshaking-Verfahren für Lese- und Schreiboperationen, Port B jedoch nur für Schreiboperationen. Bei Leseoperationen über Port A stellt das Peripheriegerät das "Data Ready"-Signal auf der CA1-Leitung bereit. Damit wird ein internes "Flag" im VIA gesetzt, das entweder einen Prozessor-Interrupt auslöst oder unter Programmkontrolle abgefragt wird. Hat der Prozessor die Daten übernommen, setzt er das ´Data Taken´-Signal auf "0". Das Peripheriegerät erkennt dies über die CA2-Leitung und stellt daraufhin weitere Daten solange bereit, bis der Datentransfer abgelaufen ist. Bei Schreiboperationen erzeugt der VIA das ´Data Ready´-Signal (CA2, CB2), und das Peripheriegerät antwortet mit dem ´Data Taken´-Signal (CA1, CB1).

Neben dem parallelen Datenaustausch über Port A bzw. Port B kann auch

Schnittstellen-Bausteine

ein serieller Datentransfer über das CB2-Pin des Port B stattfinden. Dabei wird über ein internes Schieberegister die seriell-nach-parallel bzw. parallel-nach-seriell Wandlung durchgeführt.

Für die Interrupt-Behandlung enthält der Rockwell 6522 drei Steuerregister, die folgende Optionen erlauben:

- das Anzeigen von Interrupts über ein "Interrupt Flag Register";
- das Zulassen von Interrupts über ein "Interrupt Enable Register";
- das Signalisieren von Interrupts an den Prozessor über die "Interrupt Request Output (IRQ)"-Signalleitung.

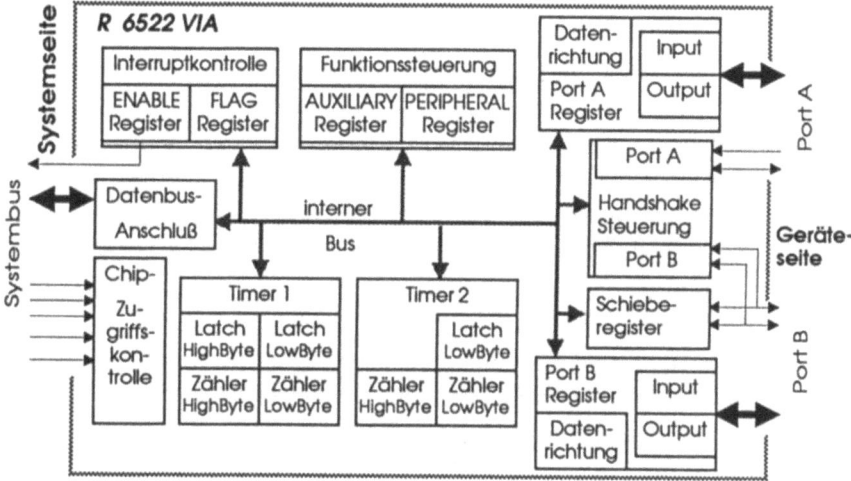

Grafik 4-32: Blockdiagramm des R 6522 Bausteins

Der Mac-II benutzt zwei VIA-Chips (VIA1, VIA2) die zwar kundenspezifisch gefertigt werden, aber voll kompatibel zum R 6522A VIA-Chip sind. Die beiden Bausteine übernehmen diverse systeminterne Funktionen und führen einen synchronen Datenaustausch mit dem Prozessor durch, der durch ein 786.36 KHz Timing-Signal von der GLUE getaktet wird. Damit kann der Prozessor mit einer durchschnittlichen Zugriffszeit von ca. 0,5 µs auf die VIA-Register zugreifen.

Die Aufgaben des **VIA1-Bausteins** können wie folgt skizziert werden:

• Schnittstellenfunktionen für den Anschluß des Apple Desktop Bus (Eingabegeräte-Netzwerk) an die Zentraleinheit bereitstellen: die Daten werden über die CB2-Leitung (ADB Data) ausgetauscht, wobei der Datentransfer über die CB1-Leitung (ADB Clocks) synchronisiert wird; Interrupt- und Status-Informationen vom ADB werden über die Signale PB3-PB5 bereitgestellt;

• Anschluß der "Real Time Clock" (RTC) an die Zentraleinheit über die CA2-

Leitung zur Bereitstellung des "One Second Interrupt"; Daten zwischen dem System und der RTC werden über die Signale PB0-PB2 ausgetauscht;

• Erzeugen des "Vertical Blanking-Interrupt" (VBL-Interrupt), mit dem Softwareaktionen des "Vertical Retrace Managers" ausgelöst werden (z.B. Überprüfung der Grenzen zwischen Heap und Stack im RAM oder Behandlung von Cursor-Bewegungen); dafür übernimmt der VIA2-Chip das VBL-Signal auf der CA1-Leitung;

• Bereitstellen diverser Signale (PA0-PA7) für den Festwertspeicher (ROM), das Diskettenlaufwerk, den Apple Sound Chip und den SCC; z.B. wird damit kontrolliert, ob Port A des SCC-Bausteins eine synchrone oder asynchrone Datenübertragung durchführt.

Des **VIA2-Bausteins** hat folgende Aufgaben:

• Generieren des VBL-Signals über einen Timer mit einer Taktfrequenz von 60 Hz; dieses Signal wird nicht für die Videokontrolle erzeugt, sondern über die PB7-Leitung für den VBL-Interrupt des VIA1-Baustein bereitgestellt;

• Modus der AMU über die PB3-Signalleitung einstellen: liegt das Signal auf "1", arbeitet die AMU im 32-Bit-Modus, ansonsten im 24-Bit-Modus;

• Überwachen und Bereitstellen von NuBus Slot- (CA1, PA0-PA5) Apple Sound Chip- (CB1) und SCSI-Interrupts (CB2);

• Den Zugriff der NuBus Slots auf den RAM über das PB1-Signal blockieren, falls zeitkritische Operationen durchgeführt werden;

• NuBus Transaktions-Fehler über die Signalleitungen PB4-PB5 decodieren;

• Ein Signal für das Netzteil bereitstellen, mit dem das System per Software ausgeschaltet werden kann;

• Signalisiert, daß der SCSI-Baustein bereit ist, weitere Daten zu übertragen (CA2-Signalleitung);

• Der MMU die aktuell installierte RAM-Größe mitteilen;

• Ein/Ausschalten des Befehls-Cache auf dem Prozessor-Chip über das PB0-Signal;

• Anzeigen, ob der externe Ausgang des Apple Sound Chip belegt ist (Signal PB6);

Die VIA-Bausteine können über ihre IRQ-Signalleitung einen Prozessor-Interrupt auslösen, wenn beispielsweise eines der folgenden Ereignisse eintritt:
- Timer1 oder Timer 2 "laufen" ab;
- der ADB liefert Daten oder Kontrollsignale am seriellen Port ab;
- VBL-Interrupt des VIA1-Bausteins;
- "One Second Interrupt" der "Real Time Clock";

Schnittstellen-Bausteine

Nach den VIA-Bausteinen, mit denen beim Mac-II primär interne Schnittstellen- und Steuerfunktionen realisiert sind, werden im folgenden Hardware-Schnittstellen für externe Geräte betrachtet.

4.5.2 SCC - Serial Communication Controller

Der Zilog 8530 SCC-Chip (Serial Communication Controller) besitzt zwei unabängige serielle Kanäle, die voll-duplex mit einer maximalen Übertragungsgeschwindigkeit von 2 MBit/sec (synchrone Datenübertragung) arbeiten. Die Kanäle sind so programmierbar, daß asynchrone, byte-orientierte synchrone (Bisnyc), sowie bit-orientierte synchrone (HDLC, SDLC) Kommunikationsprotokolle benutzt werden können. Über das Bus-Interface des SCC-Bausteins ist der Anschluß an einen nicht gemultiplexten Systembus möglich. Grafik 4-33 zeigt die funktionelle Gruppierung der Signalleitungen.

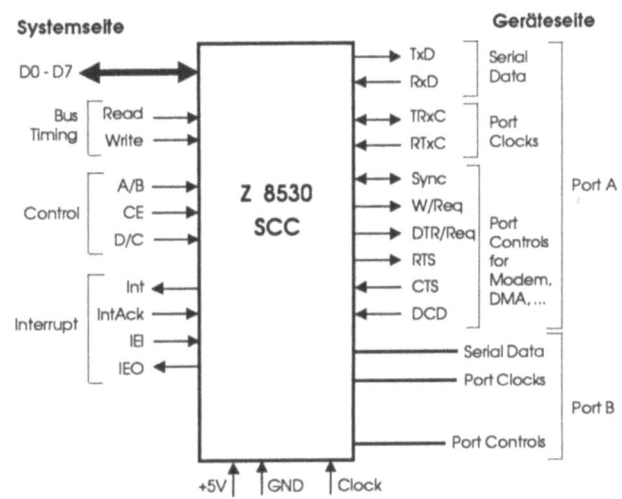

Grafik 4-33: Signalleitungen des Z 8530 SCC-Chips

Die interne Architektur des Z 8530 SCC-Bausteins ist in Grafik 4-34 dargestellt. Jeder Kanal des SCC besitzt einen eigenen Baudraten-Generator mit zwei Registern zur Spezifikation der Baudrate. Der SCC-Baustein stellt zum Datentransfer mit dem Prozessor die drei Verfahren Polling, Interruptsteuerung und Block-Transfer bereit. Beim Polling-Verfahren liest der Prozessor periodisch ein Statusregister des SCC-Bausteins, bis dieses anzeigt, daß Daten zu transferieren sind. Beim Interrupt-Verfahren wird

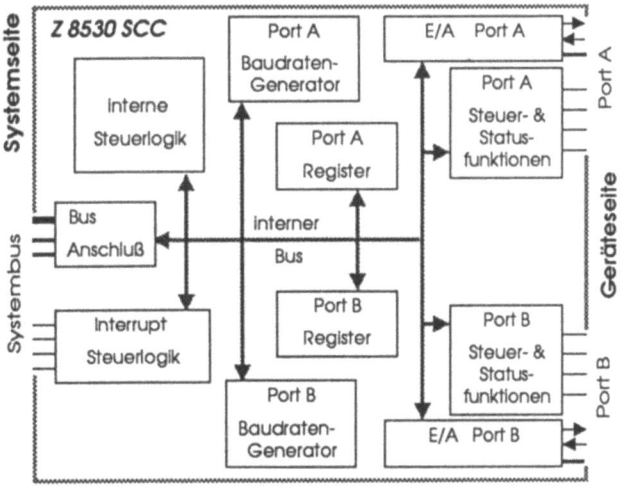

Grafik 4-34: Blockdiagramm des Z 8530 Bausteins

die Prozessortätigkeit unterbrochen, sobald eine Datenübertragung stattfinden soll. Beim Block-Transfer-Modus signalisiert eine WAIT-Signalleitung dem Prozessor, ob der SCC-Baustein bereit oder nicht bereit ist, Daten zu transferieren.

Ein weiteres Merkmal des SCC-Bausteins ist die hardwaremäßige Unterstützung von Blockprüfzeichen. Durch diese zyklische Blockprüfung (CRC - Cyclic Redundancy Checking) können fehlerhafte Übertragungen angezeigt werden. Dabei ergänzt der Sender den Übertragungsblock um eine Prüfzeichenfolge, die der Empfänger zur Fehlererkennung benutzt. Zur Bildung der Prüfzeichenfolge dienen Generatorpolynome.

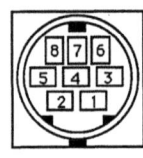

Grafik 4-35: Serieller Anschlußstecker

Die beiden seriellen Schnittstellen des Mac-II werden von einem Zilog 8530 SCC-Baustein kontrolliert. Man bezeichnet Port A als Modem-Port und Port B als Drucker-Port. Beide Ports sind extern durch je eine Anschlußbuchse (Mini-DIN-8) verfügbar. Grafik 4-35 zeigt die Anschlußbuchse und Tabelle 4-3 die entsprechende Pinbelegung. Damit können periphere Geräte (Drucker, Modem etc.) angeschlossen oder Netzwerke (LocalTalk) und serielle Rechnerkopplungen aufgebaut werden.

Die Datenübertragung wird hier nicht mit dem häufig verwendeten RS-232 Standard, sondern mit dem RS-422-Standard durchgeführt. Die RS-422 Schnittstelle überträgt Daten als Potentialdifferenz auf zwei Leitungen (´differential transmission´). Dadurch sind größere Entfernungen und eine höhere Zuverlässigkeit als bei der RS-232 Schnittstelle möglich.

Stiftnr.	Bezeichnung	Beschreibung
1	HSKo	Handshake aus
2	HSKi	Handshake ein/ext. Takt
3	TxD-	Sendedaten -
4	GND	Erdung
5	RxD-	Empfangsdaten -
6	TxD+	Sendedaten +
7	GPi	Allgemeine Eingabe
8	RxD+	Empfangsdaten +

Tabelle 4-3: Signalleitungen der seriellen Schnittstelle

Die beiden Ports sind prinzipiell identisch ausgelegt, jedoch unterstützt Port A auch den synchronen Modemanschluß und besitzt deshalb eine höhere Interrupt-Priorität als Port B. Somit kann für Port A eine höhere Übertragungsgeschwindigkeit gewählt werden.

Je nach Art der Datenübertragung und Zugriffssteuerung ergeben sich bei einer Taktfrequenz von 3,672 MHz unterschiedliche Transferraten. Für eine asynchrone Kommunikation mit Interruptsteuerung sind Übertragungsraten bis zu 57600 Baud möglich. Bei AppleTalk wird jedoch mit einer Rate von 230.4 Baud (1/16 der Taktfrequenz) asynchron übertragen, wobei anstatt der Interruptsteuerung das Polling-Verfahren eingesetzt wird.

Ein Gerätetreiberprogramm im ROM des Mac-II steuert die Datenübertragung zwischen Prozessor und Peripheriegeräten. Dieses Treiberprogramm unterstützt den Übertragungsmodus voll-duplex, d.h. Daten können

Schnittstellen-Bausteine

gleichzeitig empfangen und gesendet werden. Der Datentransfer beginnt mit der Übertragung eines Startbits, gefolgt von 5, 6, 7 oder 8 Datenbits und einem optionalen Paritätsbit. 1, 1.5 oder 2 Stopbits schließen den Transfer eines Zeichens ab.

Dieses Treiberprogramm besteht aus je einem Eingabe- und einem Ausgabetreiber für den Modem- und den Drucker-Port. Grafik 4-36 stellt den Zusammenhang zwischen Anwenderprogramm (Applikation), Treiberprogramm, Ports und Peripheriegeräten dar. Über einen seriellen Port empfangene Daten werden über einen Puffer im SCC-Baustein in einen Puffer im Eingabe-Treiber des entsprechenden Ports transportiert. Von dort können die Daten durch Applikationen mittels Lese-Befehlen übernommen werden.

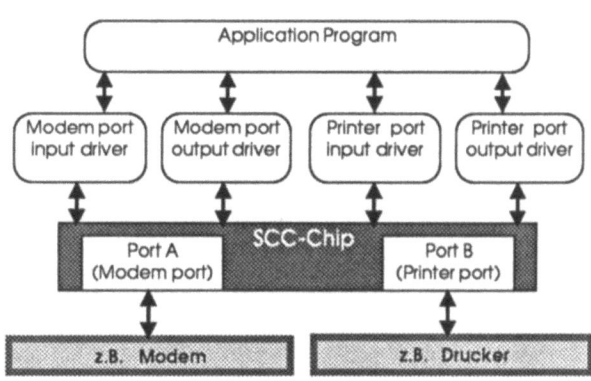

Grafik 4-36: Komponenten der seriellen Kommunikation

4.5.3 SCSI - Small Computer System Interface

Die SCSI-Schnittstelle (Small Computer System Interface) ist eine bidirektionale, parallele Schnittstelle, über die "kleine" Computer mit "intelligenten" Peripheriegeräten kommunizieren können. Zur Datenübertragung wird ein asynchrones Handshake-Verfahren eingesetzt. Die Charakteristika wurden durch das American National Standard Institute (ANSI) im Protokoll X3T9.2 festgelegt. Über den zugehörigen SCSI-Bus können schnelle periphere Geräte an den Rechner angeschlossen werden (vgl. 4.7.2 SCSI-Bus).

Der NCR 5380 SCSI-Baustein ist ein 40-Pin NMOS-Chip, mit dem die SCSI-Schnittstelle kontrolliert wird. Er erreicht eine maximale Übertragungsgeschwindigkeit von 1.5 MByte/sec. Dieser Baustein kann sowohl im Computer (Host-Adap-

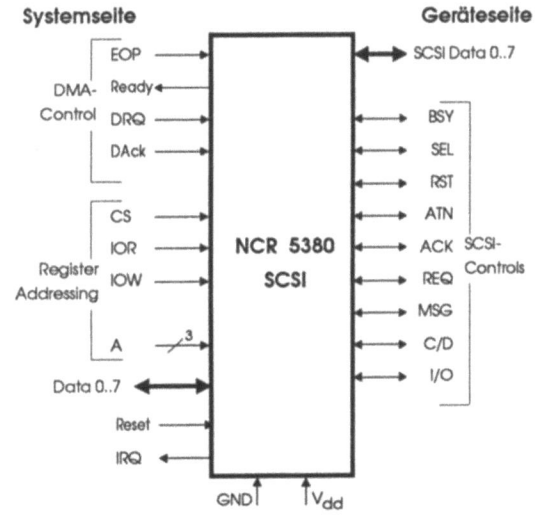

Grafik 4-37: Signalleitungen des NCR 5380 SCSI-Chips

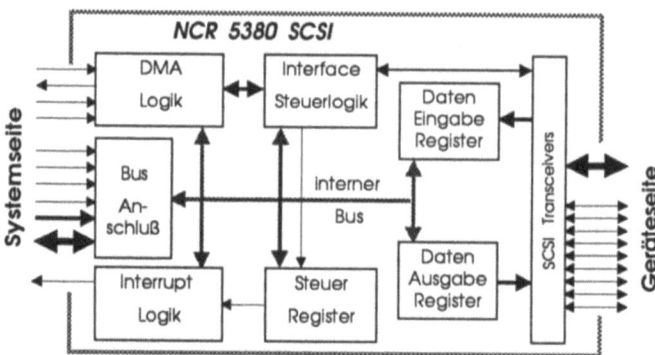

Grafik 4-38: Blockdiagramm des NCR 5380 Bausteins

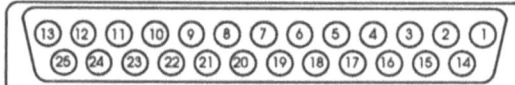

Grafik 4-39: Paralleler Anschlußstecker

Stiftnr.	Bezeichnung	Beschreibung
1	REQ/	Anforderung
2	MSG/	Nachricht
3	I/O/	Eingabe/Ausgabe
4	RST/	SCSI-Bus Reset
5	ACK/	Rückmeldung
6	BSY/	Belegt
7	GND	Erdung
8	DB0/	Datenbit 0
9	GND	Erdung
10	DB3/	Datenbit 3
11	DB5/	Datenbit 5
12	DB6/	Datenbit 6
13	DB7/	Datenbit 7
14	GND	Erdung
15	C/D/	Befehl/Daten
16	GND	Erdung
17	ATN/	Abruf
18	GND	Erdung
19	SEL/	Auswahl
20	DBP/	Datenparität
21	DB1/	Datenbit 1
22	DB2/	Datenbit 2
23	DB4/	Datenbit 4
24	GND	Erdung
25	TPWR	SCSI-Abschluß Spg.

Tabelle 4-4: Signalleit. der parallelen Schnittst.

ter) wie auch im Peripheriegerät (Peripherie-Adapter) eingesetzt werden. Damit wird die Busvergabe sowie die Generierung und Überprüfung von Paritätsbits hardwaremäßig unterstützt.

Die Signalleitungen des NCR 5380 Bausteins sind in Grafik 4-37 und die interne Struktur in Grafik 4-38 dargestellt. Die internen Register können vom Prozessor durch speicherbezogene Adressierung (memory mapped I/O) angesprochen werden.

Der Mac-II enthält einen NCR 5380 Controller, der parallel mit einem internen 50-Pin Stecker und einem externen DB-25 Stecker (Grafik 4-39) verbunden ist. Damit können eine interne Festplatte und weitere externe SCSI-Geräte angeschlossen werden.

Datenübertragungen werden von der CPU gesteuert und vom 5380-Controller ausgeführt. Dabei lassen sich zwei Übertragungsarten mit verschiedenen Transferraten unterscheiden:

• "non-blind" Transfer mit 600 KByte/sec

• "blind" Transfer mit 1.2 MByte/sec.

Im ersten Modus ist die Treibersoftware für die Synchronisation zwischen Prozessor und SCSI-Controller verantwortlich. Dabei wird nach jeder Byteübertragung abgefragt, ob der Transfer erfolgreich war ("non blind" Transfer). Im zweiten Modus übernimmt die entsprechende Hardware des Mac-II (Prozessor, GLUE, SCSI-Controller etc.) die Synchronisation. Bei diesem Modus werden von der Treibersoftware keine weiteren Kontrollfunktionen übernommen.

4.6 Spezial-Bausteine

In den Abschnitten 4.3 bis 4.5 wurden fast ausschließlich Bausteine beschrieben, die als Standard-Bauelemente zur Verfügung stehen und deren Funktion bzw. interne Struktur im wesentlichen veröffentlicht sind. Neben diesen Bausteinen kommen beim Mac II eine Reihe von anwendungsspezifischen Schaltkreisen (ASICs - Application Specific Integrated Circuit) zum Einsatz, über deren interne Struktur eigentlich nur Vermutungen angestellt werden können. Deshalb soll an dieser Stelle ein kurzer Überblick über den Entwurf von anwendungsspezifischen Bausteinen und deren prinzipielle Struktur gegeben werden.

Standard-Bauelemente sind im wesentlichen dadurch gekennzeichnet, daß sie den Anforderungen eines möglichst großen Anwenderkreises gerecht werden. Zudem enthalten Bausteine wie Processor-ICs und Speicherchips (statische oder dynamische RAMs, ROMs, EPROMs, EEPROMs) eine extrem hohe Anzahl von Transistoren.

Bei der weiteren Umsetzung von komplexen digitalen Systemen wird mittlerweile häufig die Entwicklung von ASICs eingesetzt. Ein Merkmal dieser anwendungsspezifischen ICs liegt darin, daß die interne Struktur nach Anwenderwunsch entworfen (Custom-Design) und gefertigt wird, d.h. der Anwender kann die Funktion des Bausteins festlegen. Der Versuch, anwendungsspezifische Funktionen mit Standard-Bauelementen zu realisieren, verdeutlicht einen weiteren Vorteil der ASIC-Technologie: auf einem ASIC-Chip können viele niedrig bis mittel komplexe Bausteine (5.000 - 50.000 Transistoren) integriert werden. Unter Umständen kann ein ASIC-Chip bis zu 500 000 Transistoren enthalten.

4.6.1 ASIC-Entwurf

Beim ASIC-Entwurf kann je nach Methodik zwischen Full-Custom- und Semi-Custom-Design unterschieden werden. Im ersten Fall wird das komplette Chip-Layout neu entworfen, hingegen wird bei der zweiten Methode auf vordefinierte Strukturen zurückgegriffen. Aufgrund der hohen Entwicklungskosten ist ein Full-Custom-Design jedoch nur bei großen Stückzahlen tragbar, so daß im wesentlichen die Semi-Custom-Methode zum Einsatz kommt. Mit Gate-Arrays und Zellen-ICs (Cellbased IC) stehen dabei zwei unterschiedliche Ansätze zur Verfügung, die im folgenden kurz vorgestellt werden.

Gate-Arrays sind ICs, die eine Matrix von vorgefertigten Transistoren bzw. Gattern enthalten. Ähnlich wie bei ROMs fehlt beim Herstellungsvorgang nur die letzte Maske. Durch diese wird bei ROMs die Programmierung der Speicherzellen bzw. bei Gate-Arrays die Verbindung zwischen den einzelnen Gattern hergestellt. Beim Ansatz mit Gate-Arrays sind zur Realisierung des Designs also "nur" die Verbindungen zwischen den Gattern nötig.

Zellen-ICs benutzen keine vorgefertigten Strukturen sondern Layout-Beschreibungen von Zellen, in denen die einzelnen Transistoren bereits spezifiziert sind. Die Zellen werden zum komplexen Gesamt-Layout zusammengefügt, wobei i.a. unterschiedliche Zelltypen integriert werden. Grafik 4-40 zeigt die typische Struktur eines Zellen-ICs mit den verschiedenen Zelltypen. Bei der Fertigung des ICs müssen alle Maskenschritte durchlaufen werden.

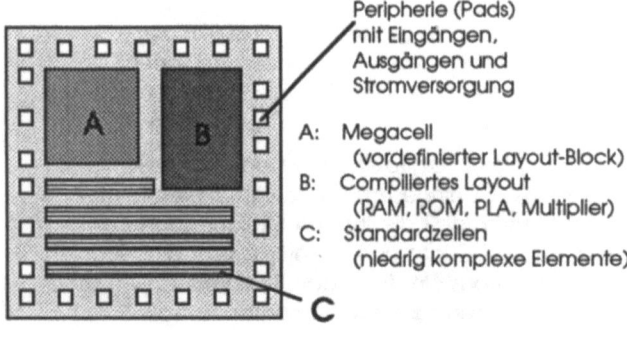

Grafik 4-40: Typischer Aufbau eines Zellen-ICs

Beim Zellenentwurf werden die einzelnen Schritte der Umsetzung einer Hardware-Spezifikation in ein ASIC-Design durch entsprechende CAD-Tools unterstützt. Beim ASIC-Design von Macintosh-Bauelementen (AMU, IWM, ASC usw.) wurden die CAD-Tools von VLSI Technology benutzt, die im folgenden kurz beschrieben werden.

Im ersten Designschritt sollte eine möglichst optimale Aufteilung des Gesamtsystems gefunden werden. Dabei kann es für die Optimierung verschiedene Zielsetzungen wie maximale Taktfrequenz, spezielle Verzögerungszeiten auf kritischen Pfaden, geringster Sromverbrauch, kleinste Gehäusegröße usw. geben. Weiterhin müssen im Rahmen der Gesamtkosten auch Gesichtspunkte wie Chipgröße bzw. -kosten oder Gehäusekosten berücksichtigt werden. Die VLSI Technology Tools unterstützen diese Systemaufteilung mit einem graphischen Tool ("Design Assistant"), wobei als Ergebnis ein oder mehrere ASICs spezifiziert werden.

Im weiteren Ablauf müssen die einzelnen ASICs im Detail entwickelt werden. Dazu werden folgende Designschritte durchgeführt:

    1. Schematische Schaltungseingabe

    2. Simulation der Schaltung

    3. Zellbeschreibungen plazieren und verbinden

Die schematische Schaltungseingabe (Schematic Capture) wird mit Hilfe von graphischen Symbolen für Bibliothekselemente durchgeführt. Typische Beispiele für Bibliothekselemente sind einfache Gatter (2 Input

Spezial-Bausteine

NAND), Flip-Flops, compilierte Zellen oder Megazellen (komplexe vordefinierte Unterfunktionen). Einzelne Transistoren wie beim Full-Custom Design werden nicht benutzt. Das Ergebnis der schematischen Eingabe ist eine Verknüpfungstabelle (Netzliste) der Elemente untereinander. Diese Netzliste wird dann bei der Simulation benutzt.

Die Simulation der Schaltung erfolgt mit Hilfe von Verhaltensmodellen für diejenigen Bibliothekselemente, die durch die Netzliste verknüpft sind.

Im dritten Schritt werden die graphischen Zellenbeschreibungen plaziert, verbunden (Place & Route) und somit das IC-Layout erzeugt. Dieser Schritt schließt die Plazierung und Verbindung von Ein/Ausgangszellen und Stromversorgungszellen mit ein.

Besonders wichtig beim ASIC-Design sind die verfügbaren Möglichkeiten, um Zellen automatisch zu generieren (Silicon Compiler). Bei diesem Verfahren muß der Designer nur die Parameter der Zelle spezifizieren. Dann erzeugt der Silicon-Compiler daraus automatisch:

- ein graphisches Symbol für die schematische Schaltungseingabe
- ein Verhaltensmodell für die Simulation
- eine Layoutbeschreibung für die Plazierung und Verbindung mit allen übrigen Zellen

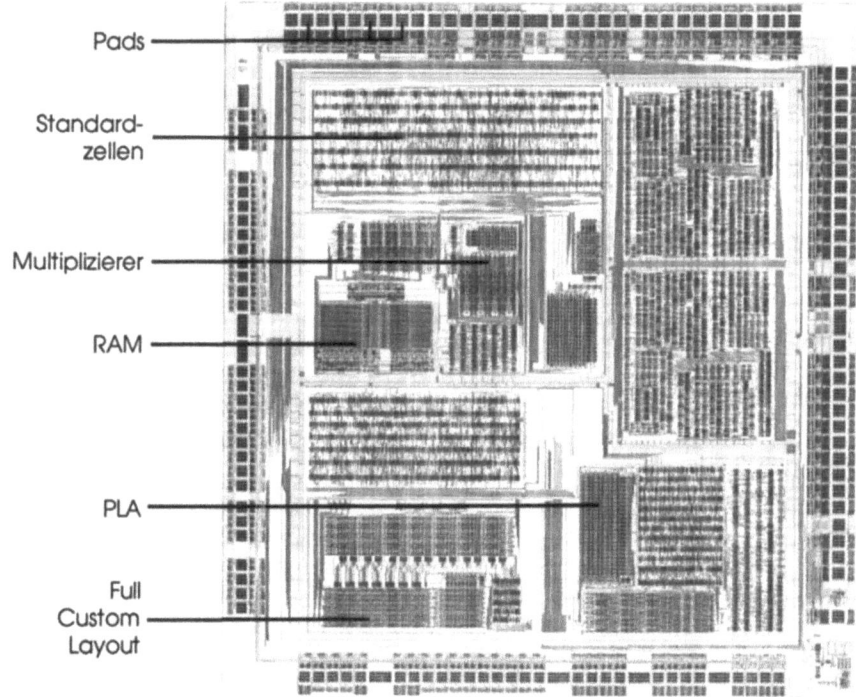

Bild 4-6: Layout eines ASIC-Chips

Eine Testprogrammerzeugung und die endgültige Verifizierung des Layouts vervollständigen den Entwurfsprozess. Bild 4-4 zeigt das Layout eines speziellen Interface-Bausteins und stellt damit das Ergebnis eines ASIC-Designs dar. Aus der Layoutbeschreibung werden schließlich die Masken hergestellt, die quasi als Schablone bei der IC-Fertigung eingesetzt werden. Anschließend wird der Prototyp gefertigt.

4.6.2 Beispiele

Der Einsatz von ASIC-Bausteinen war beim Entwurf der Mac II -Hauptplatine von großer Bedeutung. Damit konnte der Platzbedarf soweit optimiert werden, daß sämtliche Funktionen mit Ausnahme der Videokontrolle (vgl. Abschnitt 5.3.1) auf der Hauptplatine integriert werden konnten. Zudem bieten ASICs natürlich eine hervorragende Möglichkeit, um Urheberrechte zu schützen. Die eingesetzten ASIC-Bausteine wurden mit den oben skizzierten CAD-Tools entworfen und von VLSI Technology gefertigt.

Im einzelnen werden ASIC-Bausteine zur Realisierung von logischen Funktionen (GLUE), als Schnittstellen-Bausteine (IWM und ASC), für die Speicherverwaltung (AMU; vgl. 4.4.1 Speicherverwaltung) und seit kurzem auch zur NuBus-Kontrolle eingesetzt. Durch den ASIC-Baustein für die NuBus-Kontrolle konnten u.a. die 12 Standard-Bauelemente des ersten Hauptplatinenentwurfs (vgl. Bild 4-1 bzw. Grafik 4-3) ersetzt werden.

Im folgenden werden die Aufgaben und Kennzeichen von drei ASIC-Bausteinen vorgestellt.

ASC - Apple Sound Chip

Für die Tongenerierung ist der Mac-II mit einem Apple Sound Chip (ASC) und zwei Sony Sound Chips ausgestattet. Der ASC erzeugt ein Stereo-Signal, das von den Sony Sound Chips gefiltert und gepuffert wird. Das Tonsignal kann entweder über den eingebauten Lautsprecher oder über den externen Kopfhöreranschluß und zusätzlichen Kopfhörern ausgegeben werden.

Der ASC erzeugt als digitaler Tongenerator einen 8-bit Stereoton mit einer Abtastrate von 44,1 kHz und 4-stimmiger Klangsynthese. Dazu ist der Baustein u.a. mit 2 KB RAM ausgestattet, die je nach Tonmodus unterschiedlich eingesetzt werden.

Spezial-Bausteine

IWM - Integrated Woz Machine

Die Schnittstelle zur Steuerelektronik der internen Diskettenlaufwerke (vgl. Abschnitt 5.4.1) wird beim Mac-II durch einen weiteren ASIC-Baustein realisiert, der den Namen seines ursprünglichen Entwicklers trägt: die Integrated Woz Machine (IWM) wurde nach Stephen Wozniak, einem Mitbegründer von Apple, benannt. Durch diesen Baustein werden die Register der Laufwerksteuerung angesprochen, diverse Steuersignale erzeugt und das entsprechende Laufwerk selektiert.

Die IWM arbeitet mit einer Taktfrequenz von 15.7 MHz und erzeugt alle Signale, die zur Verwaltung der 3 1/2-Zoll-Disketten (800 kByte Speicherkapazität) notwendig sind. Beispielsweise wird die Formatierung, der automatische Diskettenauswurf und der Schreib-/Lesezugriff auf eine Diskette unterstützt. Die Betriebssystem-Routine "File Manager" signalisiert dem IWM-Chip, wo welche Daten gespeichert oder abgerufen werden sollen.

Weiterhin wird durch die IWM eine parallel/seriell Konvertierung durchgeführt. Damit kann einerseits die byte-parallele Kommunikation mit der CPU und andererseits die serielle Kommunikation mit der Laufwerksteuerung realisiert werden. Der Datenaustausch zwischen der IWM und dem Schreib-/Lesesystem wird mit einer Übertragungsrate von 500 KBit/sec durchgeführt. Bedingt durch den GCR-Code wird jedoch nur eine effektive Übertragungsrate (Nutzdatenrate) von 375 KBit/sec erreicht. Die Codierung bzw. Decodierung des GCR-Formats (Group Code Recording; vgl. Abschnitt 5.4) wird durch entsprechende Treibersoftware durchgeführt. Dabei werden drei Bytes Hauptspeicherdaten in vier Bytes GCR-Code umgewandelt.

GLUE - General Logic Unit

Die GLUE ist ein weiterer kundenspezifischer Baustein, auf dem diverse Systemfunktionen wie die Adreßdecodierung oder die Verwaltung von Kontrollsignalen integriert sind. Der Name des Bausteins kann nicht nur als Abkürzung, sondern auch wörtlich interpretiert werden: Signale von mehreren Bausteinen werden miteinander verknüpft ('glue together' - zusammenleimen) und koordiniert an die CPU weitergeleitet.

Im folgenden werden einige Funktionen aufgelistet, die von der GLUE bereitgestellt werden:

- Die Adreßsignale der CPU werden decodiert, und das entsprechende Chip-Select Signal wird für den adressierten Baustein (z.B. Coprozessor oder Schnittstellenbaustein) generiert (vgl. Abschnitt 4.3).

- Für den Arbeitsspeicher werden die AS-Signale (Address Strobe) erzeugt und damit auch der RAM-Refresh verwaltet (vgl. Abschnitt 4.4).

- Verschiedene Taktsignale werden für die Bausteine bereitgestellt. Beispielsweise wird die CPU mit 15.7 MHz, der SCC-Baustein mit 3.67 MHz und der VIA-Chip mit 783.36 kHz getaktet.
- Die Interrupt-Signale der 6 NuBus-Slots werden durch eine OR-Funktion verknüpft und das Ergebnis an den VIA2-Baustein weitergeleitet, der daraufhin einen Prozessor-Interrupt erzeugt.
- Sämtliche Interrupt-Signale werden überwacht und entsprechend ihrer Priorität an den Prozessor weitergeleitet, d.h. falls zu einem Zeitpunkt mehrere Interrupts vorliegen, wird derjenige mit der höchsten Priorität durchgeschaltet.

Die diskrete Realisierung dieser Funktionen mit Standardbauelementen würde nicht nur einem höheren Platzbedarf erfordern, sondern durch die erhöhte Anzahl von Bausteinen, Lötstellen, Leiterbahnen usw. auch eine größere Störanfälligkeit verursachen.

4.7 Bussysteme

Prinzipiell besteht ein Bussystem aus einem physikalischen Übertragungsmedium (definierte Anzahl von Leitungen) und einer Menge von Kommunikationsregeln. Das Leitungsbündel fungiert als Sammelschiene, an die mehrere Komponenten angeschlossen werden und über die die Kommunikation zwischen den Komponenten abgewickelt wird. Durch die Kommunikationsregeln wird der Aufbau und Ablauf einer Datenübertragung spezifiziert. Beispielsweise wird damit festgelegt, nach welchem Verfahren die Komponenten auf das Übertragungsmedium zugreifen und wie eventuell auftretende Kollisionen behandelt werden. Außerdem wird auch die Kompetenz der einzelnen Komponenten spezifiziert: ein Master kann selbständig eine Datenübertragung initiieren, während ein Slave warten muß, bis er angesprochen wird.

Ein Bussystem mit mehreren Leitungen wird funktionell in einen meist unidirektionalen Adreß-, einen bidirektionalen Daten- und einen Steuerbus eingeteilt. Häufig werden die logischen Daten- und Adreßsignale auf dem selben physikalischen Medium übertragen (gemultiplextes Bussystem). Je nach Anzahl der Datenleitungen können serielle und parallele Bussysteme unterschieden werden. Beim seriellen System (eine Datenleitung) wird das Datenwort sequentiell übertragen. Hingegen werden beim parallelen System (z.B. 8, 16 oder 32 Datenleitungen) ein oder mehrere Bytes gleichzeitig übertragen. Weitere Charakteristika wie die Art der Datenübertragung (synchron/asynchron) oder die Übertragungsgeschwindigkeit sollen im folgenden anhand von entsprechenden Beispielen näher betrachtet werden.

Bussysteme

In diesem Abschnitt wird je ein Beispiel für ein serielles und ein paralleles Bussystem vorgestellt, die unterschiedliche Typen von Peripheriegeräten an den Systemkern anschließen. Beide bezeichnet man deshalb auch als externe Bussysteme (Peripheriebusse). Weitere Bussysteme werden in Abschnitt 4.3 bzw. 4.4 (Prozessor- und Systembus), in Abschnitt 4.8 (NuBus) und in Abschnitt 5.5 (LocalTalk und Ethernet) behandelt.

4.7.1 ADB - Apple Desktop Bus

Der Apple Desktop Bus (ADB) ist ein System zum Anschluß langsamer Eingabegeräte an den Systemkern. Dabei handelt es sich um einen "single-master/multiple-slave" Bus, der die serielle Kommunikation mit theoretisch bis zu 16 ADB-Eingabegeräten (Slaves) wie Tastatur, Maus oder Lichtgriffel über zwei ADB-Ports ermöglicht. Allerdings sollten aus Leistungsgründen nicht mehr als 3 Geräte pro Port linear verkettet (daisy chained) sein, so daß effektiv 6 Geräte anschließbar sind. Obwohl zwei ADB-Ports zur Verfügung stehen, existiert nur ein Bussystem, da die zwei Ports parallel an denselben Bus gekoppelt sind. Grafik 4-41 stellt eine mögliche ADB-Konfiguration dar.

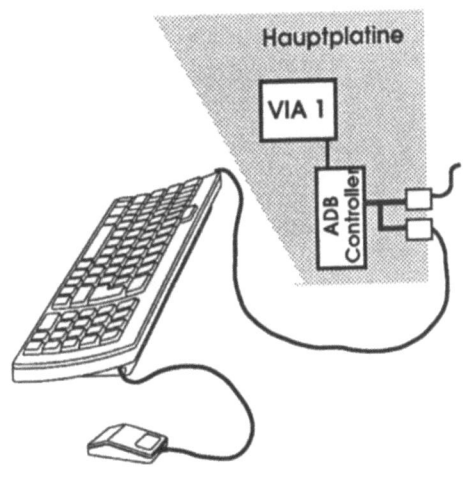

Die Verwaltung des Apple Desktop Bus übernimmt ein zentraler Busmaster. Dieser ist mit Hilfe eines 4-Bit Mikroprozessors (ADB-Controller; Transceiver-Chip) realisiert. Der ADB-Controller wird über einen

Grafik 4-41: ADB - Konfiguration

Schnittstellenbaustein (VIA1; vgl. Abschnitt 4.6) vom Prozessor angesprochen und durch Gerätetreiber (z.B. universelle Tastatur-Treiber oder Maus-Treiber) im System-ROM unterstützt. Diese Treiber sind im ADB-Manager (vgl. Grafik 3-8) zusammengefaßt und übermitteln Ereignisse wie z.B. das Drücken einer Taste oder die Mausbewegungen an den "Toolbox Event Manager".

Des weiteren besteht die Bussystem-Hardware aus den vier Busleitungen (Data, Power-On, Power und Ground) und den beiden ADB-Steckern (4-Pin DIN). Grafik 4-42 zeigt die Belegung des ADB-Steckers. Die Länge der Verbindungskabel sollte 5 Meter nicht überschreiten. Zur Hardware des ADB gehören auch einige Register des VIA1-Bausteins, über die Steuersignale für das ADB-

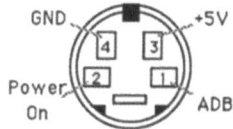

Grafik 4-42: ADB-Anschlußstecker

System bereitgestellt werden. Der Systemkern überträgt die Daten zu und von den Eingabegeräten über die CB2-Signalleitung in das Schieberegister des VIA1-Chips. Zwei andere VIA1-Signalleitungen (PB4, PB5) steuern den ADB-Controller.

Jedes ADB-Gerät enthält einen Transceiver Baustein (vgl. Abschnitt 5-1) mit bis zu vier internen Registern. Register 0 nimmt dabei die Eingabedaten auf, Register 3 die Geräte-Identifikationsdaten.

Das Bussystems wird automatisch initialisiert. Beim Systemstart wird den angeschlossenen Eingabegeräten eine neue, zufällige Geräteadresse zugeteilt, die auch bei einem Reset beibehalten wird. Deshalb sollten Geräte nur dann an den ADB angeschlossen werden, wenn der Rechner ausgeschaltet ist.

Die Kommunikation zwischen dem Systemkern und der Peripherie wird über den ADB-Baustein der Hauptplatine kontrolliert (zentraler Master). Dieser fragt solange ein bestimmtes Eingabegerät (aktives Gerät) ab, bis von einem anderen Eingabegerät eine Anfrage gestellt wird. Das entsprechende Gerät muß dann vom Systemkern ermittelt und die Datenübertragung aktiviert werden.

Mit Transaktionen und Signalen wird die Kommunikation durchgeführt. Eine Transaktion adressiert ein Eingabegerät durch ein 8-Bit ADB-Kommando und legt damit u.a. die Art der Datenübertragung fest. Man unterscheidet folgende ADB-Kommandos:

- "Talk": Eingabedaten von einem Gerät empfangen;
- "Listen": Datenübertragung zu einem Gerät (Registerbelegung);
- "Send Reset": alle Geräte in den Initialzustand zurücksetzen;
- "Flush": die interenen Register eines Gerätes löschen, so daß das Gerät bereit ist, neue Befehle oder Eingabedaten zu empfangen;

Mit Signalen wird entweder ein Gerätezustand angezeigt oder eine allgemeine Aktion veranlaßt. Beispielsweise kann ein Eingabegerät durch ein spezielles Signal (Service Request) eine Datenübertragung anfordern. Daraufhin muß der Systemkern die Eingabegeräte nacheinander abfragen, um den Auslöser des Signals festzustellen (Polling-Verfahren). Anschließend können die entsprechenden Eingabedaten übernommen werden.

4.7.2 SCSI-Bus

Über den SCSI-Bus können bis zu 8 Teilnehmer den bidirektionalen Datenverkehr miteinander aufnehmen. Teilnehmer können sowohl Rechner als auch Controller von Peripheriegeräten sein. Jeder Teilnehmer hat sein eigenes Bus-Interface (vgl. Abschnitt 4.5.3), das je nach Gerät als SCSI-HA (Host Adapter) oder als SCSI-PA (Peripherial Adapter) ausgelegt ist. Der SCSI-Bus erlaubt prinzipiell jedem Teilnehmer, als anfordernde Einheit oder als Zieleinheit tätig zu werden. Bewerben sich gleichzeitig mehrere Teilnehmer um die Buskontrolle, dann wird die Reihenfolge der Zuteilung über eine Schiedsrichterfunktion (Arbitration-Schaltung) entschieden.

Ein Peripherie-Controller kann seinerseits noch einmal bis zu acht verschiedene Geräte adressieren, so daß ein Rechner bei maximaler Konfiguration auf 56 Peripheriegeräte zurückgreifen kann. Grafik 4-43 zeigt eine mögliche SCSI-Konfiguration.

Als Übertragungsmedium wird normalerweise ein 50-poliges Kabel benutzt. Dabei sind jeweils zwei benachbarte Leitungen zu Paaren zusammengefaßt und verdrillt (twisted pair). Bei kürzeren Buslängen (bis etwa 6 Meter) ist i.a. die unsymmetrische Ansteuerung der Leitungspaare ausreichend, wobei je eine Leitung eines Paares auf Massepotential gelegt wird, um das Übersprechen zu verringern. Für längere Busverbindungen bis zu 16 Metern kommen Differentialtreiber/-empfänger zur Anwendung. In diesem Fall führt auch die zweite Leitung eines jeden Paares eine von Null verschiedene Spannung.

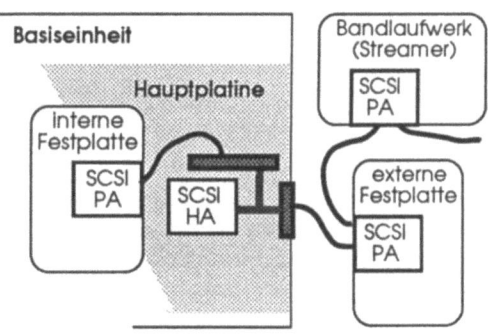

Grafik 4-43: SCSI-Bus - Konfiguration

Jedem SCSI-Gerät wird eine Identifikationsnummer (ID-Nr.) zwischen 0 und 7 zugeteilt. Der Anwender stellt normalerweise über DIP-Schalter oder Jumper die ID-Nr. eines Gerätes ein. Damit legt er die Adresse des entsprechenden SCSI-Controllers fest.

Die Kommunikation über den SCSI-Bus wird durch vier Hauptzustände (SCSI-Phasen) bestimmt. Grafik 4-44 beschreibt die Reihenfolge der SCSI-Phasen durch ein Zustandsdiagramm. Im einzelnen handelt es sich um folgende Phasen:

• **Frei-Phase:** Grundzustand, in dem alle Bussignale inaktiv sind;

• **Vergabe-Phase:** Falls sich mehrere Teilnehmer um den Buszugriff bewerben, wird ein Bewerber über ein festgelegtes Prioritätsschema ausgewählt. Dabei wird über die größte Geräte-ID-Nr. der Teilnehmer mit der höchsten Priorität bestimmt. Diese Phase entfällt, wenn im System nur ein Bewerber (Master) zugelassen ist.

- **Auswahl-Phase:** Der Teilnehmer, dem der Bus zugeteilt wird, wählt seinen Gesprächspartner aus und wartet auf dessen Quittung (BUSY-Signal).

- **Transfer-Phase:** Man unterscheidet zwischen Befehls-, Status- und Nachrichtentransfer. Steuerndes Gerät ist dabei der angewählte Gesprächspartner, der den Ablauf des asynchronen Quittungsverkehrs (Hardware-Handshake) über das Request- und das Acknowledge-Signal kontrolliert. Nach Abschluß der Übertragung tritt der Bus wieder in die Frei-Phase ein.

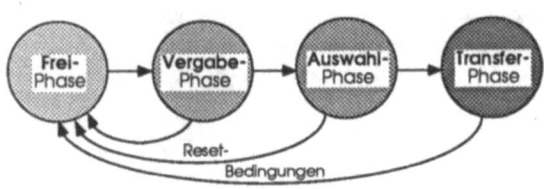

Grafik 4-44: Zustandsphasen beim SCSI-Bus

Der Mac-II besitzt einen internen und einen externen SCSI-Port (vgl. Grafik 4-3 bzw. Abschnitt 4.5) für die schnelle, parallele Kommunikation mit bis zu sieben linear verketteten (daisy chained) SCSI-Controllern. Damit können beispielswiese Festplatten, Streamer und optische Speicher angeschlossen werden.

Die ID-Nr. des Mac-II ist unveränderbar auf die Nr. 7 festgelegt. Externe SCSI-Geräte können mit einer ID-Nr. von 1 bis 6 eingestellt werden. Für die intern anzuschließende SCSI-Festplatte ist die Nr. 0 reserviert. Beim Systemstart lädt der Mac-II die Treiberprogramme der angeschlossenen SCSI-Geräte und legt sie im System-Heap ab.

Eine typische Kommunikation ist das Lesen von der SCSI-Festplatte. Dazu wartet der Systemkern auf die nächste Freiphase des SCSI-Busses und bewirbt sich um den Buszugriff. Wurde ihm der Bus zugeteilt, wählt er anschließend die SCSI-Platte als "Gesprächspartner" aus und schickt den Lese-Befehl an die Platte. Die Platte überträgt nun die gewünschten Daten zum Systemkern und beendet die Kommunikation mit einem Status- und einem Nachrichten-Byte.

4.8 NuBus-Systemerweiterung

Der NuBus wird zur Informationsübertragung zwischen verschiedenen Rechnerkomponenten verwendet. Er ist eine Entwicklung des MIT (Massachusetts Institute of Technology) und wurde erstmals in der NuMachine von Western Digital und der Explorer-AI-Workstation von Texas Instruments eingesetzt. Texas Instruments, MIT, AT&T und Apple standardisierten den NuBus unter der Schirmherrschaft des Institute of Electrical and Elektronic Engineers (IEEE). Das Ergebnis dieser Arbeit wird im folgenden Unterpunkt vorgestellt. Anschließend wird die NuBus-Implementierung beim Mac-II beschrieben, die in einigen Punkten von der Standard-Spezifikation abweicht.

4.8.1 Standard - NuBus

Beim Standard-NuBus handelt es sich um einen bidirektionalen, synchronen 32-Bit-Bus, auf dem Daten und Adressen gemultiplext (zu unterschiedlichen Zeiten über die gleichen Leitungen) übertragen werden. Seine Systemstruktur ist in Grafik 4-45 dargestellt. Elementare Bestandteile sind die NuBus-Karten und das Übertragungsmedium mit Leiterbahnen und Steckplätzen (Slots) für die Karteninstallation.

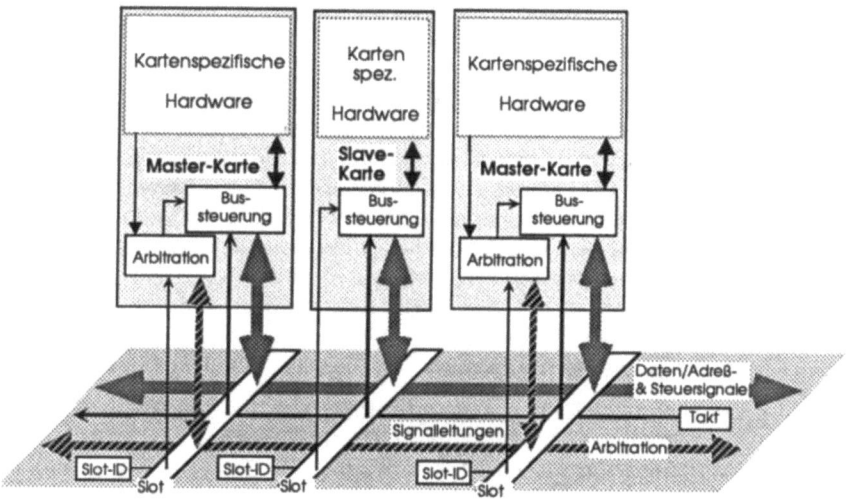

Grafik 4-45: Aufbau des NuBus-Systems

Das Übertragungsmedium besteht aus 96 Busleitungen: 51 Signalleitungen und 45 Betriebsspannungs- und Erdleitungen. Alle Signalleitungen sind aktiv "0", mit Ausnahme der Adreß-/Datenleitungen, die Tristate-Treiber benutzen.

Die **Signalleitungen** können entsprechend ihrer Funktion in drei Kategorien eingeteilt werden:
- Transaktions-Leitungen für den Datentransfer:
    - Address & Data (AD31-AD0)
    - Parity (SPV, SP)
    - Data Transfer (START, ACK)
    - Transfer Mode & Response Status (TM1-TM0)
- Arbitration-Leitungen für die Busvergabe:
    - Arbitration Signals (ARB3-ARB0)
    - Bus Request (RQST)
- Utility-Leitungen für diverse Funktionen:
    - Clock (CLK)
    - Power Fail Warning (PFW)
    - Card Slot Identification (ID3-ID0)
    - Reset (RESET)
    - Non-Master Request (NMRQ)

Die Betriebsspannungsleitungen unterstützen Spannungen von -5.2V, +5V, -12V und +12V für jede installierte Karte.

Beim Datentransfer über den NuBus sind 8- (NuBus-Byte), 16- (NuBus-Halbwort) oder 32-Bit-Portionen (NuBus-Wort) möglich. Der NuBus unterstützt ebenso die Übertragung von Blöcken mit 2, 4, 8 oder 16 NuBus-Wörtern.

Jeder NuBus-Slot besitzt eine eindeutige 4-Bit Kennzahl (Slot-ID), mit der installierte Karten identifiziert werden. Diese 4-Bit Identifikation beschränkt den NuBus auf 16 Slots. Durch die 32 Adreßleitungen kann ein einheitlicher Adreßraum von 4 GB verwendet werden, der weder einen I/O-Bereich noch einen CPU-Bereich unterscheidet. Der obere Bereich (256 MB) des Adreßraumes wird "Slot-Space" genannt und ist in 16 Regionen mit jeweils 16 MB Adreßraum pro Slot eingeteilt. Zur Adressierung eines Slots werden Adressen der Form F**s**xxxxxx benutzt, wobei **s** (Bits 27...24) die 4-Bit Slot-ID darstellt. Man nennt diese Art der Adressierung "geografische" Adressierung, da die Slot-Adressen von der Position der anzusprechenden Karte im Steckplatzsystem abhängen.

Die NuBus-Spezifikation unterscheidet zwei Kartengrößen: Triple-Height Form-Factor und PC-Style Form-Factor für Mikrocomputer (4*13 Inch-Karte mit 96 Anschlüssen; Europakartenstecker Typ C). Je nach Ausstattung der Bus-Schnittstelle kann eine Karte nur als Slave oder auch als Master eingesetzt werden. Eine Karte mit eigenem Prozessor kann sowohl mit dem RAM der Hauptplatine als auch mit den anderen NuBus-Karten kommunizieren. An die NuBus-Karte werden zwei Anforderungen gestellt:

- Falls auf die Wortadresse FSFFFFFC lesend zugegriffen wird, muß die Karte mit speziellen Kontrollsignalen antworten. Damit wird festgestellt, ob an einem Steckplatz eine Karte installiert ist. Zugriffe auf einen Slot ohne Karte werden über einen Bus-Timeout-Mechanismus behandelt.

- Eine Karte muß einen Konfigurations-ROM enthalten, dessen Verwendungszweck in der NuBus-Spezifikation nicht festgelegt ist. Meistens werden damit Initialisierungs- und Treiber-Programme gespeichert, die beim Systemstart eine automatische Konfiguration durchführen. Damit werden beim NuBus keine "Address Jumpers" oder "DIP Switches" zur Karteninstallierung benötigt.

Das Bussystem arbeitet mit einer **Taktfrequenz** von 10 MHz (100 nsec pro Taktperiode). Signale werden bei steigender Taktflanke auf den Bus gegeben und bei fallender Taktflanke vom Bus übernommen. Bei diesem synchronen Verfahren wird durch das Taktsignal der Zeitbedarf zur Stabilisierung der Information berücksichtigt. Dafür ist die Taktperiode asymmetrisch ausgelegt, d.h. 75 nsec befindet sich der Takt auf logisch "1" und 25 nsec auf logisch "0" . Grafik 4-46 zeigt das asymmetrische Taktsignal.

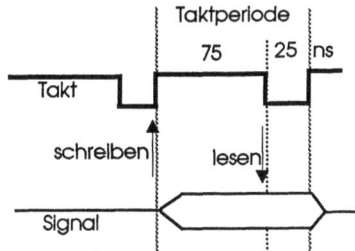

Grafik 4-46: NuBus Timing

Durch die **Buskontrolle** werden Zugriffskonflikte vermieden, die dann auftreten, wenn mehrere Teilnehmer den Bus gleichzeitig anfordern. Diese Problematik wird beim NuBus nach der Strategie "Prioritätsbus mit dezentraler Kontrolle" behandelt. Dabei wartet zunächst jede anfordernde Karte, bis der Bus frei ist. Fordern mehrere Karten den Bus gleichzeitig an, so wird die Karte mit der höchsten Priorität ausgewählt. Die notwendige Schiedsrichterfunktion wird durch eine Logik (Arbitration-Logik) realisiert, die verteilt (dezentral) auf den einzelnen Karten implementiert ist. Eine Karte, die den Bus besitzt, heißt "Busmaster". Er wählt einen "Busslave" und tauscht mit diesem Daten aus. Die NuBus-Arbitration-Logik ist durch folgende Merkmale gekennzeichnet:

- Die unabhängigen Anfragen, um in Besitz des NuBus zu kommen, werden über das Bus-Request-Signal gestellt. Findet eine anfragende Karte auf den Arbitration-Signalleitungen eine niedrigere Slot-ID als die eigene, so gibt die Karte ihre Slot-ID auf diese Leitungen, so daß die Auswahl des nächsten "Busmaster" über die höchste Slot-ID entschieden wird.

- Der "siegreichen" Karte wird der Bus zugeteilt. Sofern noch Anforderungen von weiteren Karten anliegen, werden diese nach dem gleichen Schema behandelt.

- Die Arbitration-Logik ist "fair", d.h. wenn zwei Karten zur selben Zeit den Bus anfordern, wird der "unterlegenen" Karte auf jeden Fall der Bus zugeteilt, bevor die "siegreiche" Karte eine erneute Anfrage stellen darf. Auch andere Anfragen werden also solange blockiert, bis alle anfragenden Karten der vorhergehenden Taktzyklen bedient wurden.

"Multiprocessing" wird dadurch ermöglicht, daß mehrere "Busmaster"-Karten erlaubt sind, und der Zugriff auf gemeinsame Ressourcen durch Sperren koordiniert wird. Dabei können zwei Methoden unterschieden werden:

- Bussperren: Diese Methode wird vom "Busmaster" benutzt, um ununterbrochen den Bus zu besitzen, bzw. um die Leistungsfähigkeit für umfangreiche Datentransfers zu steigern. Dazu wird das Bus-Request-Signal vom Master nicht zurückgesetzt.

- Ressource-Sperren: Bei dieser Methode wird der "Busslave" durch einen Busmaster aufgefordert, den Zugriff auf alle lokalen Ressourcen, die der "Busmaster" anspricht, für andere zu sperren.

Die NuBus-Spezifikation sieht nur Read- und Write-Transaktionen vor. Interrupts werden über Write-Operationen, Ein/Ausgaben über Read- und Write-Transaktionen behandelt. Eine Transaktion wird i.a. durch eine "Busmaster"-Karte mit dem Ziel initiiert, mit einer zu bestimmenden "Slave"-Karte Daten auszutauschen. Allerdings ist es auch möglich, daß eine Karte, die keine "Master"-Karte ist, über die "Non-Master-Request"-Signalleitung einen bestimmten Service anfordert.

Eine NuBus-Transaktion besteht aus drei Phasen:

- Startphase (über START-Signal),

- Multiple-Bus-Phase (Adressierung und Datentransfer)

- Acknowledge-Phase (über ACK-Signal).

Die Transaktions-Modus-Leitungen TM1-TM0 spezifizieren zu Beginn einer Transaktion die Art (Lesen, Schreiben und zusätzlich die Datengröße) und am Ende einer Transaktion den Status (Transaktion erfolgreich?). Der Ablauf einer Read-Transaktion ist in Grafik 4-47 dargestellt und wird im folgenden kurz beschrieben:

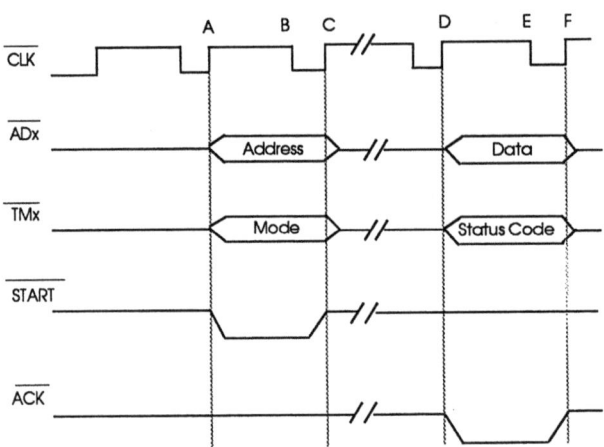

Grafik 4-47: Ablauf einer Read-Transaktion

A: Der "Busmaster" beginnt die Read-Transaktion mit dem START-Signal und gibt mit AD31-AD0 die Adresse der zu lesenden Daten an. Über TM1-TM0 wird die Art der Transaktion (Read) und die Datenbreite spezifiziert. Das ACK-Signal darf nicht aktiviert sein.

B: Alle NuBus-Karten lesen AD31-AD0 und TM1-TM0.

C: Der "Busmaster" nimmt AD31-AD0, TM1-TM0 und START vom BUS.

D: Der adressierte "Busslave" gibt die angeforderten Daten auf die Leitungen AD31-AD0. Weiterhin wird der Transaktionsstatus über die Leitungen TM1-TM0 angezeigt. Mit dem ACK-Signal quittiert der ´Busslave´ den Lesezugriff.

E: Der "Busmaster" liest AD31-AD0, TM1-TM0.

F: Der "Busslave" nimmt die Signale vom Bus und erlaubt damit den Start einer neuen Transaktion.

Analog verläuft der Ablauf einer Write-Transaktion. Auch blockweise Übertragungen sind ähnlich aufgebaut.

4.8.2 Apple - NuBus

Die NuBus-Implementierung beim Mac-II stellt eine Untermenge des Standard-NuBus dar. Der Apple-NuBus ist wie der Standard-NuBus ein bidirektionaler, synchroner 32-Bit-Bus, der gemultiplext ist. Er arbeitet ebenfalls mit einer Taktfrequenz von 10 MHz. Als Erweiterungskarten sieht der Apple-NuBus PC-Style Form-Factor-Karten vor. Die Busstruktur gliedert sich in 96 Signalleitungen, wobei die ´Bus-Parity´-Leitungen ungenutzt bleiben und eine Betriebsspannung von -5.2 V nicht unterstützt wird. Der Apple-NuBus unterstützt die byteweise Adressierung des Standard-NuBus. Die blockweise Adressierung wird zwar unterstützt, aber vom Systemkern nicht benutzt. In der Buskontrolle zeigen sich keine Unterschiede zum Standard-NuBus. Der Apple-NuBus besitzt einen Konfigurations-ROM zur automatischen Installierung der eingebauten Karten beim Systemstart.

Ein weiterer Unterschied zum Standard-NuBus besteht darin, daß der Apple-NuBus auf sechs Slots begrenzt ist. Die fest verdrahteten Slot-IDs sind von 9 bis 14 (9 bis E Hexadezimal) durchnumeriert. Weiterhin wird die Hauptplatine als Slot 0 behandelt und die Slot-ID 15 reserviert.

Die Adressierung der NuBus-Slots ist in Grafik 4-48 dargestellt. Im 32-Bit Modus (vgl. Abschnitt 4.4) werden die einzelnen Karten über die höchsten vier Adreßbits (31..28) ausgewählt. Damit steht jeder Karte ein Adressraum von 256 MB zur Verfügung (Super slot space). Im 24-Bit Modus ist dieser Adreßraum nicht adressierbar. Deshalb wird das "oberste MegaByte" einer NuBus-Karte (Declaration ROM space) auf die 32-Bit Adresse $FsFxxxxx eingeblendet (s = Slot-ID). Auf diesen Bereich wird im 24-Bit Modus über die

Adressen $sxxxxx zugegriffen, die von der MMU durch die 24/32-Bit Abbildung entsprechend umgesetzt werden.

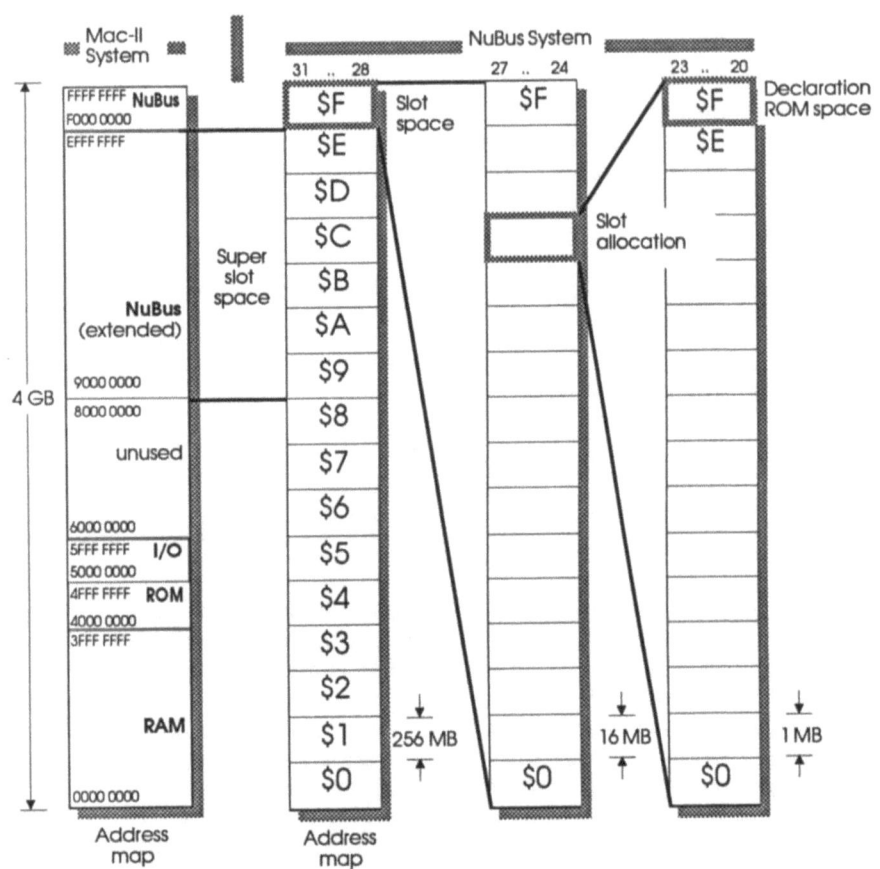

Grafik 4-48: Adressierung der NuBus-Slots

Einige Spezifikationen sind beim Standard-NuBus offen gelassen. So kann z.B. das Non-Master Request-Signal über die Busleitungen geschickt werden, oder jeder Slot kann dafür eine eigene Interrupt-Leitung besitzen. Beim Apple-NuBus ist für jeden Slot das NMRQ-Signal fest verdrahtet zum VIA2-Baustein geführt, d.h. Interrupts werden nicht über NuBus-Transaktionen unterstützt wie beim Standard-NuBus, sondern durch eine separate Signalleitung (NMRQ).

Für zeitkritische Operationen - wie z.B. den Datentransfer zur IWM - erzeugt die CPU eine lokale Bussperre, um das NuBus-Interface darüber zu informieren, daß der Zugriff auf den RAM für den NuBus zu sperren ist. Realisiert

NuBus-Systemerweiterung

wird dies über das BUSLOCK-Signal der CPU an den VIA2-Baustein, der das NuBus-Interface informiert.

Der 'Busmaster' kann über den Apple-NuBus jede Schnittstelle des Mac-II (SCSI-Port, AppleTalk-Port, Modem-Port) ansteuern.

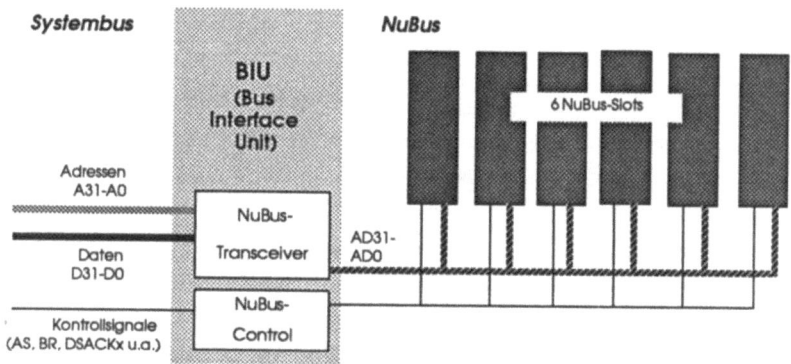

Grafik 4-49: Bus Interface Unit

Für den Anschluß des NuBus an den Systembus (Grafik 4-49) ist eine BIU (Bus Interface Unit) verantwortlich. Dabei muß der NuBus-Transceiver eine NuBus-Bit-Abbildung (Grafik 4-50) durchführen, da der 68 020 Systembus und der NuBus verschiedene Strukturen haben. Dies betrifft allerdings nur die Datenleitungen; Adressen werden unverändert übernommen.

Die Leistungsfähigkeit eines Erweiterungssystems ist abhängig von dem Angebot an entsprechenden Zusatzkarten. Im folgenden werden einige Erweiterungskarten für den Mac-II NuBus vorgestellt.

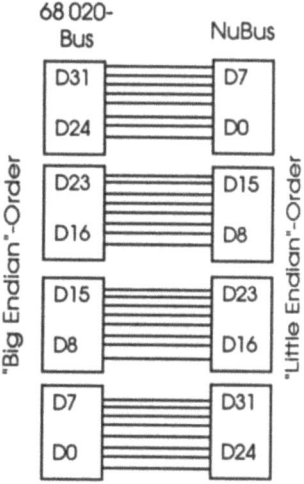

Grafik 4-50: Bit Abbildung

4.8.3 Erweiterungskarten

Für die individuelle Systemerweiterung des Mac-II gibt es unterschiedliche Erweiterungskarten, die in einem der sechs NuBus-Slots installiert werden können:

- Videokarten
- Kommunikationskarten
- Coprozessor-Karten
- Multifunktionskarten
- Speichererweiterungskarten

Im folgenden werden einige Beispiele für typische Erweiterungskarten kurz charakterisiert (vgl. auch Abschnitt 5-3).

Spectrum/24: Eine Videokarte mit einer Auflösung von 1024 * 768 Pixel und 1, 2, 4, 8 oder 24 Bit Farbtiefe pro Pixel (vgl. Abschnitt 5.3.1).

Quick Capture: Diese Karte ermöglicht den Anschluß einer Kamera. Sie bietet eine maximale Pixelauflösung von 768 * 512 sowie 256 Graustufen je Pixel.

EtherTalk-Karte: Diese Karte kann zum Anschluß des Mac-II an das Ethernet eingesetzt werden (vgl. Abschnitt 5-5).

3278/2551-Emulations-Karte: Mit dieser Karte kann u.a. die Emulation eines IBM 3278-Terminals unterstützt werden.

Mac-II PC Drive-Karte: Diese Karte erlaubt den Anschluß eines 5.25"-Laufwerkes, mit dem Disketten von IBM Personal Computern oder Kompatiblen bearbeitet werden können.

MCP (Macintosh Coprozessor Platform): Diese Karte dient als Basis für die Entwicklung von Prototypkarten. Bild 4-7 zeigt eine Aufnahme der MCP-Karte. Ihre Grundausstattung enthält einen mit 10 MHz getakteten 68 000

Bild 4-7: MCP-Karte

Prozessor, 512 KB RAM und eine Master-Schnittstelle für den NuBus-Anschluß. Die Hardware wird durch ein Betriebssystem (MR-DOS: Minimal Real-time Distributed Operating System) ergänzt. MR-DOS unterstützt neben Multitasking auch "Interprocess Communication" und "Priority Scheduling". Damit wird die Kommunikation zwischen mehreren Prozessoren ermöglicht und außerdem die Reihenfolge bzw. Priorität spezifiziert, mit der Prozesse abgearbeitet werden sollen.

Mac286: Diese MS-DOS-Karte dient der Emulation eines Intel 80286-Prozessors auf dem Mac-II. Der Coprozessor hat eine Taktfrequenz von 6 MHz, 1 MB RAM, DMA- und Interrupt-Controller, sowie Hercules II Monochrom- und Farbgrafik-Adapter. Optional kann die Karte mit einem mathematischen Coprozessor (Intel 80287) ausgestattet werden. Die MS-DOS-Karte benötigt allerdings ein 5.25"-Laufwerk und belegt 640 KB Hauptspeicher.

NuTV: NuTV ist eine Erweiterungskarte, die den Anschluß von Videoquellen (Videokamera, Videorecorder, Bildplattenspieler, Fernsehgerät) erlaubt. Das Videosignal wird auf der Karte digitalisiert und in Echtzeit (25 Bilder pro Sekunde) auf dem Monitor angezeigt. Damit ist u.a. eine direkte Einbindung von bewegten Videobildern in entsprechenden Programmen möglich.

Micro Explorer: Die Micro Explorer-Karte enthält einen Lisp-Prozessor und ist mit der Explorer-Software-Umgebung ausgestattet. Die von Texas Instruments entwickelte Karte soll bei KI-Anwendungen (symbolische Datenverarbeitung) eingesetzt werden. Einsatzgebiete sind z.B. wissensbasierte Systeme für betriebliche Planungsaufgaben oder Fehlerdiagnosen bei Anlagen und Geräten. Die CPU und der Lisp-Prozessor können kooperativ arbeiten, indem z.B. der MC 68020 Aufgaben der Datenerfassung sowie numerische Berechnungen durchführt und der Lisp-Prozessor die Ausführung der wissensbasierten Anwendungen übernimmt.

4.9 Übungen

Aufgabe 4-1: Der Systemkern eines Rechners läßt sich funktionell in Verarbeitungs-, Speicherungs-, Anpassungs- und Verbindungsbereiche einteilen. Geben Sie pro Bereich 2 typische Komponenten an, die an der Realisierung der entsprechenden Funktion beteiligt sind.

Aufgabe 4-2: Diskutieren Sie die Begriffe Prozessorbus, Systembus und Peripheriebus unter folgenden Gesichtspunkten:
  a.) interner / externer Bus
  b.) Größenordnung der Leitungslänge
  c.) nach welchen Komponenten die Bussysteme ausgerichtet sind

Aufgabe 4-3: Diskutieren Sie mindestens 5 Kriterien, die zur Leistungsbeurteilung eines Prozessors betrachtet werden müssen.

Aufgabe 4-4: Korrigieren Sie folgende Aussagen über den MC 68 020:
  a.) Daten- und Adressbus sind gemultiplext / nicht gemultiplext.
  b.) Der physikalische Adressraum ist 2 / 4 / 8 GB groß.
  c.) Eine Taktung mit 3 / 16 / 40 MHz ist möglich.
  d.) Mit Hilfe von Benchmark-Tests wurde ein Durchsatz kleiner 1 MIPS / zwischen 2 und 3 MIPS / größer 5 MIPS gemessen.
  e.) Auf einer Chipfläche von 20 / 85 / 225 mm^2 sind 19×10^3 / 19×10^4 / 19×1 Transistoren integriert.
  f.) In den Arbeitsregistern werden 8 / 16 / 23 / 32 / 64 Bit gespeichert.

Aufgabe 4-5: Erklären Sie den Begriff '2-stufig mikroprogrammierte CPU' am Beispiel des MC 68 020.

Aufgabe 4-6: Sortieren Sie die folgenden Befehlstypen nach ihrem Abstraktionsgrad: Maschinenbefehl, Nanoinstruktion, Assemblerbefehl, Pascal-Statement, Mikroinstruktion.

Aufgabe 4-7: Gliedern Sie die Signalleitungen des MC 68 020 in Funktionsgruppen, wobei die Steuerleitungen in mindestens 5 Untergruppen einzuteilen sind.

Aufgabe 4-8: Warum wurde der MC 68 020 im Gegensatz zum MC 68 000 mit einem PGA-Gehäuse und nicht mit einem DIL-Gehäuse gefertigt?

Aufgabe 4-9: Betrachten Sie den Lesezyklus des MC 68 020 (Grafik 4-15) und diskutieren Sie folgende Punkte:
   a.) zeitliche Reihenfolge der Signale: Daten, AS, DSACK, Adressen
   b.) Von welcher Komponente wird das DSACK-Signal erzeugt, und welche Funktion wird damit realisiert?

Aufgabe 4-10: Erläutern Sie das Prinzip der Pipeline-Verarbeitung am Beispiel der Autowaschstraße.

Aufgabe 4-11: Wozu dient ein Coprozessor, und welche Vorteile bringt sein Einsatz?

Aufgabe 4-12: Erläutern Sie die drei Begriffe Taktzyklus, Buszyklus und Befehlszyklus.

Aufgabe 4-13: Nach welchen Kriterien können Schnittstellen klassifiziert werden, und welche Vor- bzw. Nachteile bieten die einzelnen Klassen?

Aufgabe 4-14: Nennen Sie typische Geräte, die durch einen SCC- bzw. SIO-Interfacebaustein an den Systemkern angeschlossen werden.

Aufgabe 4-15: Nennen Sie typische Geräte, die durch einen SCSI-Interfacebaustein an den Systemkern angeschlossen werden.

Aufgabe 4-16: Charakterisieren Sie die ASIC-Technologie und betrachten Sie Vor- und Nachteile.

Aufgabe 4-17: Beschreiben Sie die prinzipiellen Aufgaben einer MMU.

Aufgabe 4-18: Der Hauptspeicher kann in einen Festwert- und einen Arbeitsspeicher unterteilt werden. Betrachten Sie folgende Fragestellungen für den jeweiligen Teilbereich:
   a.) Welche Halbleiterspeicher werden typischerweise zur Realisierung verwendet? (bitte erläutern)
   b.) Welche Information wird typischerweise gespeichert?

Aufgabe 4-19: Erläutern Sie die Akronyme SRAM und DRAM.

Aufgabe 4-20: Untersuchen Sie die vier Bussysteme NuBus, ADB, SCSI-Bus und 68020-Prozessorbus bzgl. folgender Charakteristika:
   a.) Anzahl der Signalleitungen und deren Einteilung in Funktionsgruppen
   b.) synchrone / asynchrone Übertragung
   c.) mutliplex / non-multiplex Betrieb
   d.) Busvergabestrategie
   e.) Anzahl der möglichen Teilnehmer
   f.) Taktfrequenz (Größenordnung)
   g.) Übertragungsrate (Begründung der Größenordnung)

Aufgabe 4-21: Betrachten Sie das Timingdiagramm einer Read-Transaktion auf dem NuBus (Grafik 4-47). Entwerfen Sie analog dazu eine Write-Transaktion und beschreiben Sie in Stichworten die Aktionen des Busmasters (BM) und der Busslaves (BS) bei steigenden (R(i)) und fallenden (F(i)) Taktflanken.

Aufgabe 4-22:
   a.) Skizzieren Sie eine symmetrische und eine asymmetrische Taktperiode für eine Taktfrequenz von 5 MHz, einen Spannungspegel von 5 V und ein Tastverhältnis von 4:1.
   b.) Welchen Vorteil bringt der asymmetrische Takt?

Aufgabe 4-23: Nach welchem Prozessor ist die NuBus-Spezifikation ausgelegt, und von welchem Institut wurde sie genormt?

Aufgabe 4-24: Begründen Sie die Möglichkeit, zwei baugleiche Erweiterungskarten (z.B. zwei Grafikkarten) im NuBus-System zu installieren, ohne daß diese über DIP-Switches konfiguriert werden müssen.

5 : Peripherieeinheiten des Systems

In diesem Kapitel werden die peripheren Einheiten eines Computersystems am Beispiel des Macintosh II vorgestellt. Beim Mac-II hat die offene Systemarchitektur zu einer Vielzahl von Produktentwicklungen im Peripheriebereich geführt. Aus Gründen der Überschaubarkeit können davon im Rahmen dieses Buches nur einige Vertreter behandelt werden.

5.1 Grundlagen

Der in Kapitel 4 vorgestellte Systemkern eines Computers muß durch weitere Teilsysteme zu einem Gesamtsystem ergänzt werden. Mit diesen peripheren Einheiten läßt sich, entsprechend der Einsatzaufgabe, eine individuelle Gesamtkonfiguration zusammenstellen. Peripheriegeräte werden über Schnittstellen an den Systemkern angeschlossen und können nach verschiedenen Kriterien klassifiziert werden.

Hinsichtlich ihrer Funktion ist eine Einteilung in Eingabe-, Ausgabe-, Speicher- und Kommunikationsperipherie möglich (vgl. Grafik 3.1 - Grundstruktur eines Computersystems). Eine andere Einteilung unterscheidet je nach Grad der Notwendigkeit zwischen essentiellen und optionalen Peripherieeinheiten. Während eine optionale Einheit nur für die individuelle Einsatzaufgabe von Bedeutung ist, müssen die essentiellen Einheiten als Grundvoraussetzung für die Inbetriebnahme des Computersystems vorhanden sein (Minimalkonfiguration).

Beim Mac-II sind in der Minimalkonfiguration vier periphere Einheiten an den Systemkern angeschlossen: Tastatur, Maus, Monitor und Massenspeicher. Diese werden in den folgenden Abschnitten näher betrachtet. Aus der Reihe der optionalen Peripherieeinheiten sollen mit Drucker und Netzwerkanschluß die wichtigsten Vertreter vorgestellt werden.

Das Spektrum an Peripherieeinheiten ist natürlich wesentlich umfangreicher und wird stetig durch neue Geräte erweitert. Die folgende Liste gibt einen groben Überblick der z. Zt. für den Mac-II verfügbaren Einheiten, ohne dabei einen Anspruch auf Vollständigkeit zu erheben. Sie zeigt die Aufteilung der Peripheriegeräte in vier Gruppen entsprechend ihren Funktionen und nennt einige markante Kennzeichen:

Eingabegeräte:

- Tastatur (Anzahl der Tasten; Einteilung in Blöcke; frei programmierbare Funktionstasten; Ergonomie)

- Maus (Bewegungsauflösung; Funktionsprinzip; Anzahl der Funktionstasten)

- TouchScreen (berührungsempfindlicher Bildschirmaufsatz; Anzahl der Berührungspunkte)

- Scanner (Typ: Walzen-, Flachbett- oder Handscanner; Auflösung; Graustufen; Vorlagengröße; S/W- oder Farbsystem)

- Digitizer (Realzeitmöglichkeiten; Pixel-Auflösung; Graustufen; S/W- oder Farbsystem)

- Grafiktablett (Genauigkeit und Auflösung; Eingabemedium: Stift oder Fadenkreuz; Abtastfläche)

- Barcodeleser (Anzahl und Art der erkennbaren Codes)

Ausgabegeräte:

- Monitor (Typ: Farb- oder S/W-Monitor; Bildschirmformat und -größe; Punkt- und Farbauflösung; Bildfrequenz)

- Overhead-Displays (Bildgröße und -auflösung)

- Drucker (Typ: Nadel-, Laser-, Tintenstrahl-, Thermodrucker usw.; Auflösung; Papierformat; Seitenanzahl pro Minute; Schrifttypen; Prozessor und Speicherkapazität)

- Plotter (Papiergröße; Zeichengeschwindigkeit; Auflösung; Anzahl der Farbstifte)

- Diabelichter (Kamerasystem; Auflösung)

- Laserbelichter (Auflösung; Geschwindigkeit; Prozessor und Speicherkapazität)

Speicherperipherie:

- Diskettenlaufwerke (Kapazität; Zugriffszeit; Diskettenformat)

- Festplatten (Kapazität; Zugriffszeit; Plattengröße)

- Bandlaufwerke (DÜ-Geschwindigkeit; Kapazität; Bandtyp)

- Optische Medien (Typ: CD-ROM, WORM, Erasable; Kapazität)

- Wechselplatten (Kapazität; Zugriffszeit)

Grundlagen

Kommunikationsperipherie:

- Netzwerke (Netzwerktyp, Übertragungsmedium, Reichweite, DÜ-Rate, Konfigurationsmöglichkeiten)
- Rechneranschluß (Anschluß-HW: Interface-Karte, Standardschnittstellen, Modem; Informationssystem: Telex, Teletext, Fax, BTX; Funktion: Terminal, Electronic-Mail)

5.2 Eingabeperipherie

Für die effektive Arbeit mit Menü- und Fenstertechnik muß die Minimalkonfiguration des Mac-II mindestens zwei periphere Eingabegeräte enthalten: eine Tastatur und ein Positioniergerät für den Cursor (Maus, Trackball, Grafiktablett usw.). Standardmäßig stehen zwei Tastatur-Versionen, eine Minimal-Tastatur mit 81 Tasten und eine erweiterte Tastatur mit 105 Tasten, sowie eine Maus zur Verfügung.

Die erweiterte Tastatur und die Maus werden in den folgenden Punkten näher betrachtet.

5.2.1 Tastatur

Grundsätzlich haben Tastaturen die Aufgabe, eine mechanische Bewegung in Form eines Tastendrucks als entsprechenden Impuls an den Systemkern weiterzuleiten. Meist ist die Tastatureingabe sehr eng mit einem Ausgabemedium gekoppelt, auf dem die eingegebene Zeichenfolge unmittelbar angezeigt wird. Dieses Echo-Prinzip dient zur Verifikation der Eingabe.

Für das Umsetzen der mechanischen Bewegung in ein elektrisches Signal sind mehrere Tastentechnologien entwickelt worden. Eine Möglichkeit der mechanischen Tastenkonstruktion wird durch das Schnittbild in Grafik 5-1 dargestellt. Das Problem der Mehrfachimpulse beim Kontaktschließen kann beispielsweise dadurch gelöst werden, daß die Position der Tasten durch einen unabhängigen Leseimpuls von einem Mikrocontroller (µC) abgetastet wird.

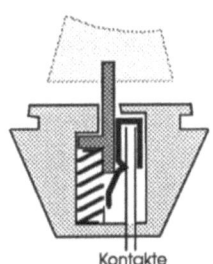

Grafik 5-1: Schnittbild einer Taste

Grafik 5-2 zeigt die schematisierte Verbindungsstruktur der Tastatur. Dabei sind die einzelnen Tasten durch ein Matrixgitter an eine Verarbeitungskomponente angeschlossen, die je nach Zeilen- und Spaltensignal die aktivierte Taste bestimmt und eine entsprechende Codierung an den Systemkern weiterleitet.

96 | Kapitel 5: Peripherieeinheiten des Systems

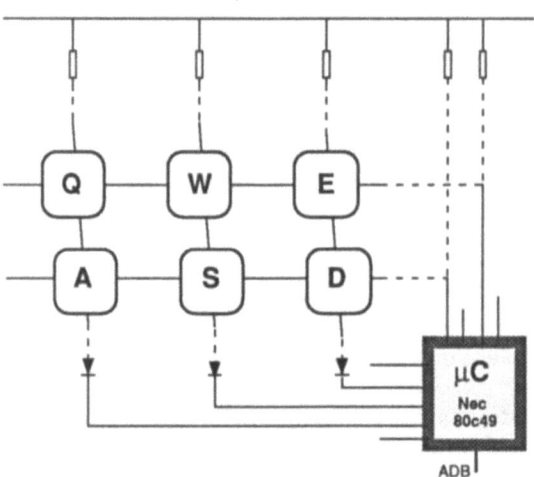

Grafik 5-2: Schemat. Verbindungsstruktur der Tastatur

Bild 5-1: Erweiterte Tastatur

Die Belegung der erweiterten Tastatur und die Codierung der einzelnen Tasten ist in Grafik 5-3 dargestellt. Diese erweiterte Tastatur ist mit insgesamt 105 Tasten nach MS-DOS-Anordnung ausgestattet, d.h. die Tasten sind in Funktionsgruppen eingeteilt, die als separate Blöcke auf der Tastatur angeordnet sind. Insbesondere sind 15 Funktionstasten enthalten, mit denen frei programmierbare Befehlsfolgen ausgelöst werden können. Eine Sonderstellung nimmt die Taste '7F' (oben rechts) ein, weil sie den Systemstart von der Tastatur aus ermöglicht. Bild 5-1 zeigt eine Aufnahme der geöffneten Tastatur.

Die Tastatur wird über den ADB (vgl. Abschnitt 4.7) an die Systemeinheit angeschlossen und arbeitet als eigenständige Komponente ('intelligent device'). Dazu ist sie mit einem eigenen 8-Bit Mikroprozessor vom Typ Nec 80C49 ausgestattet, der über 2 KByte ROM, 128 Byte RAM und 27 E/A-Leitungen verfügt. Er überwacht die Tastaturereignisse und gibt sie codiert über den ADB an den Systemkern weiter. Dieses Konzept mit eigenständigen Peripheriegeräten entlastet den Hauptprozessor und führt zu einer verbesserten Systemleistung.

Grafik 5-3: Belegung und Codierung der erweiterten Tastatur

5.2.2 Maus

Die Maustechnik wurde erstmals vom Forschungslabor der Firma Rank Xerox (XEROX PARC) beim Star-Projekt getestet und beim LISA-Bürosystem von Apple kommerziell eingesetzt (vgl. Anhang B). Sie wurde entwickelt, um die Bedienung des Computers benutzerfreundlicher und tastaturunabhängiger zu gestalten. In Verbindung mit grafischen Benutzeroberflächen und der Menütechnik kann damit die Kommandosteuerung des Computersystems fast ohne Tastatur durchgeführt werden.

Das Grundprinzip der Maus-Technologie stützt sich auf die Bewegungsdetektion einer Kugel, die über eine glatte Oberfläche gerollt wird. Ebenso wie Grafiktablett oder Trackball steht damit ein koordinatenbezogenes Eingabegerät zur Verfügung, das zur Steuerung (Positionierung) des Cursors oder eines anderen Markierungssymbols auf dem Bildschirm eingesetzt wird. Ergänzend sind ein oder mehrere Tasten in die Maus eingebaut, mit denen angesteuerte Positionen markiert bzw. entsprechende Kommandos aktiviert werden können

Die Positionssteuerung wird durch eine gummibeschichtete Stahlkugel ermöglicht, die so in das Gehäuse eingebaut ist, daß die Maus über eine ebene Fläche gerollt werden kann. Die Bewegung der Kugel wird auf zwei Rollen übertragen, deren Umdrehungen von optischen Sensoren abgetastet werden (Grafik 5-4). Die Abtastung erzeugt pro Rolle zwei Rechtecksignale, aus denen die Ablenkung in X- und Y-Richtung ermittelt wird. Dieses Prinzip (mechanisch geführt und optisch codiert) wird auch bei der Macintosh-Maus angewandt.

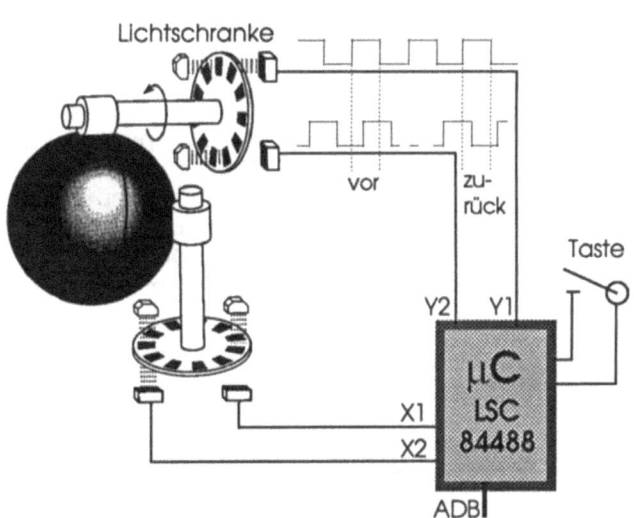

Grafik 5-4: Komponenten und Funktionsprinzip der Maus

Für jede Koordinatenachse wird die Bewegungsstrecke über die Anzahl der Impulse (3.54 Impulse/mm) und die Bewegungsrichtung durch den Vergleich der Rechtecksignale ermittelt. Die Auswertung der Signale und ihre Umsetzung in eine bewegungsproportionale Information werden von einem speziellen Mikroprozessor (LSC 84 488 von Logitech) durchgeführt, der daneben auch für die Kommunikation mit dem Systemkern zuständig

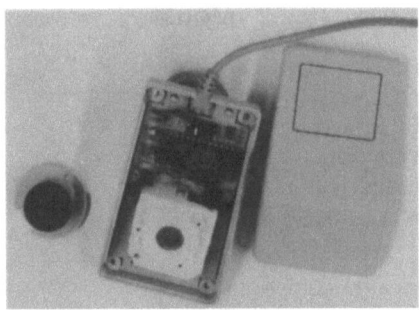

Bild 5-2: Komponenten der Maus

ist. Außerdem muß eine Statusinformation über den Zustand der Maustaste weitergegeben werden. Dies ergibt eine Gesamtinformation, die im Systemkern durch ROM-Routinen in eine entsprechende Cursorbewegung auf dem Bildschirm und einen eventuellen Kommandoaufruf konvertiert wird.

Bild 5-2 zeigt die einzelnen Komponenten der Maus, die mit einer Taste ausgestattet ist. Die Maus wird über den Apple Desktop Bus (vgl. Abschnitt 4.7.1) an die Systemeinheit angeschlossen und deshalb auch als ADB-Maus bezeichnet. Sie stellt ebenso wie die Tastatur ein eigenständiges peripheres Eingabegerät dar.

5.3 Ausgabeperipherie

Bestimmte Geräte sind auf der Ausgabeseite ebenso unabdingbar wie Maus und Tastatur auf der Eingabeseite. In der Minimalkonfiguration muß insbesondere ein Videosystem als Ausgabegerät enthalten sein. Die Erweiterung dieses Grundsystems durch einen Drucker ist sicherlich für viele Einsatzaufgaben unumgänglich. Für beide Gerätetypen gibt es unterschiedliche Technologien und eine Vielzahl von Ausführungen, so daß hier eine umfassende Diskussion nicht möglich ist. Deshalb werden exemplarisch zwei Druckertypen und ein Videosystem näher betrachtet.

5.3.1 Videosystem

Beim Mac-II verfügt die Hauptplatine nicht über einen fest eingebauten Videoausgang. Vielmehr müssen die Ausgangssignale für den Anschluß eines Monitors durch eine zusätzliche Grafikkarte (Videokarte) erzeugt werden. Die Grafikkarte wird in einem NuBus-Slot installiert und stellt zusammen mit dem Monitor das Videosystem dar (Grafik 5-5). Diese Konfiguration ermöglicht, insbesondere durch die individuelle Entwicklung von Grafikkarten, ein breites Spektrum an Videosystemen. Beispielsweise können fotorealistische 24-Bit Farbsysteme mit 19''-Monitor ebenso konfiguriert werden, wie S/W-Systeme mit 12''-Monitor. Eine Besonderheit des Mac-II liegt darin, daß bis zu 6 Videosysteme gleichzeitig betrieben werden können und sich dabei zu einer großen Arbeitsfläche ergänzen.

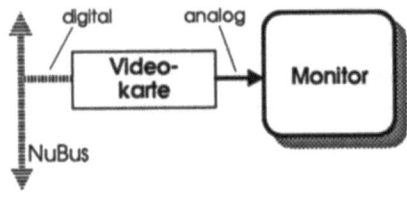

Grafik 5-5: Komponenten des Videosystems

Ausgabeperipherie 99

Grafikkarte

Grundsätzlich muß eine Grafikkarte die digitale Speicherinformation über den aktuellen Bildschirminhalt in meist analoge Steuersignale für den Monitor umformen, mit denen auf dem Bildschirm ein Abbild des aktuellen Bildschirmspeichers (Video-RAM) erzeugt wird. Für diese Aufgabe muß die Grafikkarte mit mehreren Funktionsblöcken ausgestattet sein.

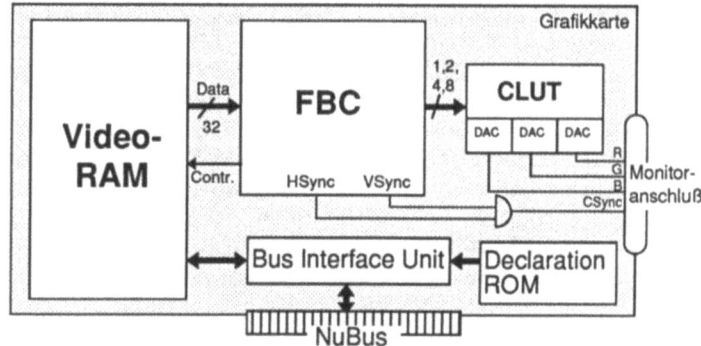

Grafik 5-6: Blockdiagramm der Grafikkarte

Grafik 5-6 zeigt die sechs wichtigsten Funktionsblöcke und die Anschlüsse der Standard-Grafikkarte (vgl. Bild 5-3). Mit dieser Grafikkarte kann bei maximaler Speicherkonfiguration eine 8-Bit Farb- bzw. Graustufenauflösung realisiert werden.

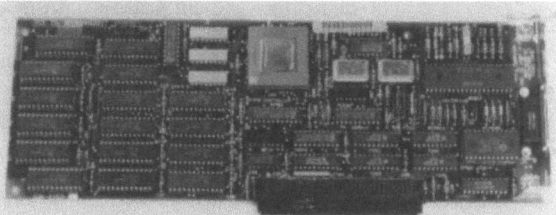

Bild 5-3: Grafikkarte

Die Funktion der einzelnen Komponenten kann wie folgt skizziert werden:

• Über die NuBus-Steckleiste (96-pin DIN) wird die Karte in einem NuBus-Slot installiert und die elektrische Verbindung zum Systemkern hergestellt. Damit kann die BIU (Bus Interface Unit) die Kommunikation mit dem Systemkern durchführen, die Ausgabedaten aufnehmen und im Video-RAM zwischenspeichern. Diese Funktion wird durch einen Teil der Firmware gesteuert, die im Declaration ROM abgespeichert ist. Dieses ROM enthält zusätzliche Firmware (low-level kartenspezifische Softwareroutinen) als Schnittstelle für die Anwendungssoftware.

• Im Video-RAM wird für jeden Bildpunkt (Pixel) die entsprechende Ausgabeinformation gespeichert, wobei die Farb- bzw. Graustufenauflösung durch die Anzahl der Bits pro Pixel bestimmt wird. Dazu werden 8 oder 16 spezielle DRAM-Chips mit einer Gesamtkapazität von 256 bzw. 512 KB (pro Chip 64 KBit x 4) eingesetzt. Diese sind mit zwei separaten Datenanschlüssen (Dual-Ported RAMs) ausgestattet und erlauben somit quasi gleichzeitig den Schreibzugriff von Seiten der CPU und den Lesezugriff für die Videoausgabe.

- Die Steuerung der Videoausgabe wird von einem ASIC-Baustein, dem sogenannten FBC (Frame Buffer Controller), übernommen. Er enthält u.a. 16 Register, mit denen der Modus und die Randbedingungen der Videoausgabe programmiert werden können. Entsprechend dieser Einstellung wird für den Monitor das horizontale und vertikale Synchronisationssignal (Hsync und Vsync) generiert und die Bildschirmausgabe pixelweise gesteuert. Dabei werden die Ausgabedaten als Langwort (32-Bit) vom Video-RAM geladen und dann für jedes Pixel je nach Farbauflösung eine 1-, 2-, 4- oder 8-Bit Information an die CLUT (Color Look-Up Table; Farbtabelle) übergeben. Damit wird eine Farbtabelle adressiert und für die drei Grundfarben Rot, Grün und Blau jeweils eine 8-Bit Codierung ausgewählt. Dieser digitale Wert wird durch DACs (Digital-to-Analog Converters) in das analoge RGB-Signal konvertiert. Ein DB-15 Stecker leitet die RGB- und Synchronisationssignale an den Monitor weiter.

Hauptkriterien zur Beurteilung einer Grafikkarte sind die Auflösung und die Möglichkeiten der Farb- bzw. Graustufendarstellung. Die Auflösung wird durch die Gesamtanzahl der im Video-RAM gespeicherten Bildpunkte bestimmt, die als Matrix auf dem Bildschirm ausgegeben werden. Hingegen wird die Farbdarstellung einerseits durch die Größe der Farbtabelle (Anzahl der möglichen Farben) und andererseits durch die Anzahl der Bits pro Pixel (gleichzeitig darstellbare Farben) begrenzt. Beispielsweise können 16 Farben durch 4 Bit pro Pixel codiert werden. Dieser Wert wird auch als Farbtiefe bezeichnet und muß natürlich für jedes Pixel im Video-RAM gespeichert werden. In Tabelle 5-1 sind die wichtigsten Kenndaten von drei unterschiedlichen Grafikkarten aufgelistet. An diese können Monitore von verschiedenen Herstellern angeschlossen werden.

	1-Bit Karte	8-Bit Karte	TrueColor
Hersteller	Apple	Apple	RasterOps
Auflösung	640 x 480	640 x 480	1024 x 768
Bits/Pixel	1 Bit	8 Bit	24 Bit
Farben			
- mögliche	S/W	16 777 216	16 777 216
- gleichzeitig darstellbar	2	256	786 432
Video-RAM	64 KB	512 KB	2,5 MB
Video-Signal		RGB analog	RGB analog

Tabelle 5-1: Grafikkarten mit typischen Kenndaten

Ausgabeperipherie

Monitor

Prinzipiell ist ein Monitor aus vier Komponenten aufgebaut: Bildröhre, Ablenkeinheit, Videoverstärker und Netzteil. Grafik 5-7 stellt den schematischen Aufbau eines Farbmonitors dar, und Bild 5-4 zeigt einen Blick auf die Komponenten eines realen Monitors. Das Funktionsprinzip eines Farbmonitors gleicht dem eines Farbfernsehers, jedoch werden an die Bildqualität und die Einstellungsmöglichkeiten höhere Anforderungen gestellt.

Die Funktionsweise von Farb- bzw. S/W-Monitoren soll an dieser Stelle nicht näher erläutert werden.

Für die Qualitätsbeurteilung eines Monitors sind mehrere Kriterien zu berücksichtigen, von denen die wichtigsten kurz erläutert werden:

- die Dimension der Diagonale bestimmt die Monitorgröße

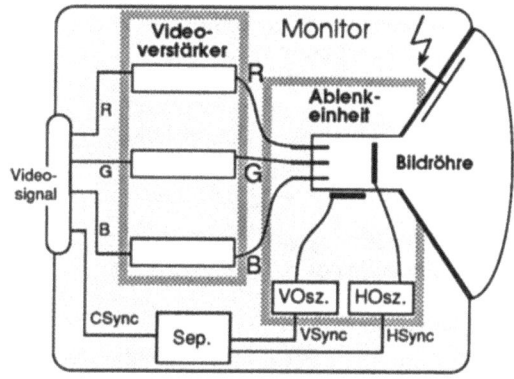

Grafik 5-7: Blockdiagramm des Farbmonitors

- die Auflösung beschreibt, wieviele Bildpunkte (Pixel) horizontal und wieviele Bildzeilen vertikal dargestellt werden können (z.B. 640 x 480)

- die Zeilenfrequenz (horizontale Ablenkfrequenz) gibt die maximale Anzahl von Bildzeilen an, die pro Sekunde beschrieben werden können (z.B. 30 kHz)

- die Bildfrequenz (vertikale Ablenkfrequenz) gibt die maximale Anzahl von Bildschirmseiten an, die pro Sekunde aufgebaut werden können (z.B. 60 Hz)

- die Bandbreite (Pixelfrequenz) gibt die maximale Anzahl von Bildpunkten an, die pro Sekunde auf dem Bildschirm dargestellt werden können (z.B. 25 MHz)

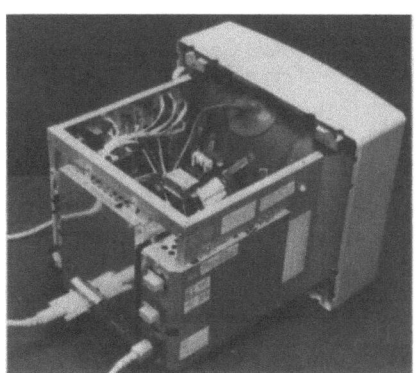

Bild 5-4: Monitor

Diese Kennzeichen und weitere technischen Daten werden für drei unterschiedliche Farbmonitore in Tabelle 5-2 aufgelistet. Sie skizzieren das Spektrum an Farbmonitoren, die über eine entsprechende Grafikkarte an den Mac-II angeschlossen werden können.

Die Betrachtung des Videosystems wird abgeschlossen durch die schematisierte Darstellung der Zusammenarbeit zwischen Grafikkarte und Monitor.

	RGB - Monitor	MultiSync II	CM 2086
Hersteller	Apple	NEC	Hitachi
Diagonale	13"	14"	20"
Auflösung	640 * 480	800 * 600	2700 * 2000
Maskenraster	0,25 mm	0,31 mm	0,28 mm
Zeilenfrequenz	35 kHz	15,5 .. 35 kHz	nach Bedarf
Bildfrequenz	66,7 Hz	50 .. 80 Hz	nach Bedarf
Bandbreite	23 MHz	15,5 .. 35 MHz	nach Bedarf
Bildaufbau	non-interlaced	non-interlaced	non-interlaced
Maske	Streifen (Trinitron)	Lockmaske	Lockmaske
Entmagnetisierung	manuell	manuell / auto	manuell / auto
Anschlußbuchsen	15-Pin-Sub-D	9-Pin-Sub-D	BNC
Eingangssignal	RGB analog	RGB analog, TTL	RGB analog
Betriebsspannungen	85 - 270 V	220 V	110, 220 V
Gewicht	15 kg	16 kg	30 kg

Tabelle 5-2: Farbmonitorbeispiele mit typischen Kenndaten

Grafik 5-8 zeigt den Bildaufbau als Resultat dieser Zusammenarbeit. Dabei werden zeilenweise von oben nach unten Bildpunkte auf dem Monitor ausgegeben und so ein Gesamtbild aufgebaut. In diesem Beispiel ist die Grafikkarte auf 4-Bit Farbtiefe eingestellt, d.h. im Video-RAM werden pro Pixel vier Bit gespeichert. Der FB-Controller lädt gleichzeitig 8 Pixelwerte (32-Bit Langwort) in sein Schieberegister und gibt dann pixelweise 4 Bit an die CLUT. Damit wird eine Farbnummer übergeben, die einen Farbwert in der Farbtabelle (-palette) adressiert. Der Farbwert setzt sich aus den drei Grundfarben zusammen (additive Farbmischung), die jeweils durch 8 Bit codiert sind. Diese Darstellung ermöglicht eine Palette von 16 Millionen Farben, aus denen 16 Farben ausgewählt und in der Farbpalette gespeichert werden können. Der digitale Farbwert muß über drei Wandler in entsprechende analoge Spannungssignale konvertiert werden, die als Eingabesignale des Monitors ein Farbpixel auf dem Bildschirm erzeugen.

Im FBC sind zwei Zählregister enthalten, die für die korrekte Plazierung der einzelnenPixel verantwortlich sind. Innerhalb einer Zeile wird die Anzahl der ausgegebenen Pixel durch den Spaltenzähler vermerkt. Ist die vorprogrammierte Anzahl (horizontale Auflösung) erreicht, wird mit dem HSync-Signal der Monitor zum horizontalen Strahlrücklauf aufgefordert. Die Anzahl dieser HSync-Signale wird vom Zeilenzähler erfaßt und mit der vorprogrammierten Zeilenanzahl (vertikale Auflösung) verglichen. Sind diese Werte identisch (Seitenende), so wird mit dem VSync-Signal der vertikale Strahlrücklauf (Bildwechsel) ausgelöst.

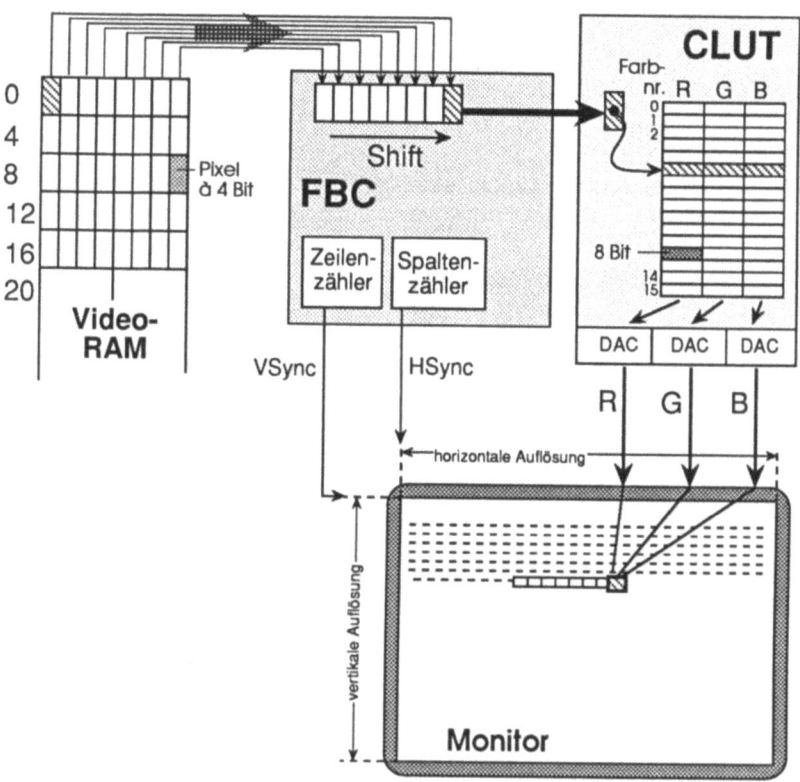

Grafik 5-8: Prinzipieller Bildaufbau (4-Bit Farbtiefe)

5.3.2 Drucker

Eigentlich ist der Drucker als optionales Peripheriegerät einzustufen. Jedoch gibt es in der Praxis wohl wenige Fälle, bei denen man auf die gedruckte Datenausgabe verzichten will. Unterschiedliche Anforderungen an die Druckqualität, den Zeichensatz und die Geschwindigkeit haben zur Entwicklung von verschiedenen Drucktechniken geführt. Die entsprechenden Druckertypen lassen sich nach ihrem Arbeitsprinzip in zwei Gruppen einteilen: Typenrad- und Nadeldrucker erzeugen ähnlich wie die Schreibmaschine durch mechanischen Druck auf ein Farbband die Ausgabe und werden deshalb auch als Impact-Drucker bezeichnet. Dagegen schreiben die Non-Impact-Drucker (Tintenstrahl-, Thermo- und Laserdrucker) die Ausgabe ohne mechanischen Druck mit speziellen Verfahren. Nadel- und Laserdrucker als die zwei häufigsten Druckertypen werden im folgenden mit entsprechenden Beispielen näher betrachtet.

Beide sind typische Standarddrucker für den Mac-II und können über die serielle Schnittstelle (Drucker-Port) an die Basiseinheit angeschlossen werden.

Nadeldrucker

Bei dieser Technik drückt ein Druckkopf mit beispielsweise 9 oder 24 Nadeln das Farbband punktweise auf das Papier. Damit können sowohl Zeichen wie auch Grafiken durch Zusammensetzen von einzelnen Punkten erzeugt werden. Jedes Zeichen wird durch entsprechende Belegung einer Punktmatrix erzeugt und eventuell für einige Schriftsätze im Drucker abgespeichert. Die höhere Nadelanzahl sorgt natürlich für ein besseres Druckergebnis, da durch ein feineres Raster die einzelnen Punkte optisch ineinander übergehen. Je nach Qualität der Ausgabe wird das Schriftbild als Beinahe-Schönschrift (NLQ - Near Letter Quality) oder als Schönschrift (LQ - Letter Quality) bezeichnet. Diese Drucktechnik hat neben dem

Bild 5-5: Nadeldrucker

	ImageWriter II	ImageWriter LQ
Nadeln im Druckkopf	9	24
Druckmethode	Punktmatrix, bidirektional	Punktmatrix, bidirektional
Schnittstelle	RS 232, opt. Apple Talk	RS 232, opt. Apple Talk
Standardzeichen	96 ASCII-Zeichen, 25 länderspezifische Zeichen	96 ASCII-Zeichen, 25 länderspezifische Zeichen
Druckgeschwindigkeit Entwurf, NLQ, LQ	240, 180, 25 Z./Sek.	max. 250, 145, 115 Z./Sek.
Grafikauflösung horizontal / vertikal	72 bis 160 dpi / 72 bis 144 dpi	72 bis 320 dpi / 72 bis 216 dpi
Punktabstand vertikal	1/72 Zoll	1/72, 1/144 oder 1/216 Zoll
Zeilenbreite	max. 8 Zoll	max. 13,6 Zoll
Papierbreite	3,5 bis 10 Zoll	3,5 bis 15,5 Zoll
Papierarten	Einzelblatt, Endlospapier, Mehrfachformulare (max. 4 Durchschläge), Etiketten, Briefumschläge	
Leistungsaufnahme	180 Watt	180 Watt
Gewicht	11,5 kg	17 kg

Tabelle 5-3: Technische Daten der Nadeldrucker

günstigen Preis den weiteren Vorteil, mehrere Durchschläge schreiben zu können.

Der ImageWriter II ist ein Beispiel für einen 9-Nadeldrucker. Bild 5-5 zeigt seine einzelnen Komponenten. Insbesondere die Positionierung der Druckkopf-Farbbandeinheit durch einen Zahnriemenantrieb ist deutlich zu erkennen. Die technischen Daten des ImageWriter II und des Image-Writer LQ werden in Tabelle 5-3 gegenübergestellt.

Laserdrucker

Das Funktionsprinzip eines Laserdruckers ist vergleichbar mit dem eines Fotokopierers. Einzelne Punkte werden per Laserstrahl, der durch einen rotierenden Polygonspiegel abgelenkt wird, auf eine lichtempfindliche rotierende Trommel belichtet. Anschließend wird das Papier auf elektrophotografische Weise bedruckt. Grafik 5-9 zeigt schematisch die Funktionsweise eines Laserdruckers.

Mit dieser Technologie wird im allgemeinen eine Mindestauflösung von 300 x 300 Punkte pro Zoll erreicht. Diese Grafikauflösung (144 Punkte pro Quadratmillimeter) ist ausschlaggebend für die relativ hohe Druckqualität, mit der eine Vielzahl von unterschiedlichen Schrifttypen und -arten sowie Grafiken ausgegeben werden können.

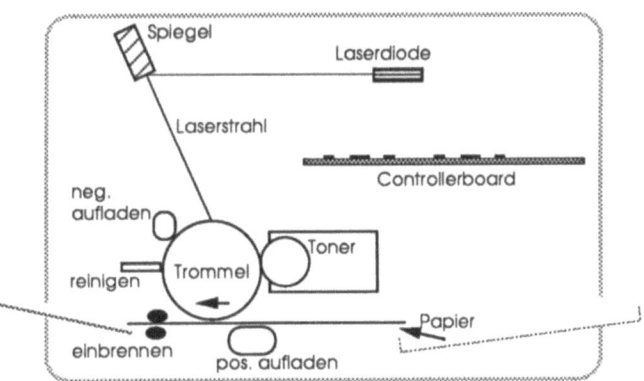

Grafik 5-9: Schematischer Aufbau eines Laserdruckers

Da Laserdrucker als sogenannte Seitendrucker vor jedem Ausdruck die komplette Seite intern aufbauen, müssen sie mit einem Controller-Board ausgestattet sein. Diese Karte enthält neben einem Mikroprozessor mit entsprechender Hauptspeicherkapazität auch die Schnittstellenkonfiguration des Druckers. Je nach Informationsdichte der zu druckenden Seite können Speichergrößen von mehr als 1 MB erforderlich sein. Normalerweise sind die Standardschriftsätze des Druckers in einem Festwertspeicher abgelegt. Zusätzliche Schriftsätze können je nach Hauptspeicherkapazität nachgeladen werden. Dazu können u.U. auch Festplatten an den Laserdrucker angeschlossen werden.

Als Austauschformat zwischen Rechner und Laserdrucker wird im allgemeinen die Seitenbeschreibungssprache 'Postscript' benutzt. Postscript wurde 1982 bei Adobe Systems entwickelt, wobei Arbeiten von Xerox PARC genutzt wurden. Damit wird eine standardisierte Schnittstelle zwischen Programm und Ausgabegerät festgelegt. Im Laserdrucker selbst muß dann ein Postscript-Interpreter zur Verfügung stehen, der den eingehenden Datenstrom interpretiert, eine entsprechende Druckseite aufbaut und das Ergebnis ausdruckt.

Mit Postscipt können die Elemente einer Druckseite (Text und Grafik) in programmiersprachenähnlicher Notation beschrieben werden. Insbesondere wird damit keine absolute Rasterbeschreibung, sondern eine relative vektorielle Information (Linien, Kurven, Flächen, Kontrollpunkte usw.) übertragen. Durch diese Beschreibung von Umrissen sind auch die Schriftsätze programmiert (Outline-Fonts).

Mit der Bezeichnung ´LaserWriter´ wurde im Sommer 1985 der erste Laserdrucker von Apple präsentiert. Mittlerweile sind weitere Modelle und Laserdrucker von unterschiedlichen Herstellern für den Macintosh verfügbar. Bild 5-6 zeigt ein Modell der zweiten Laserdruckergeneration: den Laser-

Bild 5-6: Laserdrucker NTX

	LaserWriter Plus	LaserWriter II NTX	LZR-2665	VT-600
Hersteller Druckwerk	Apple Canon LBP-CX	Apple Canon LBP-SX	Dataproducts Toshiba A-740	AM International unbekannt
CPU Taktfrequenz Speicher Massenspeicher Schnittstellen	MC 68 000 12 MHz 1,5 MB - AppleTalk, RS 232	MC 68 020 16.7 MHz 2 MB (- 12 MB) opt. externe Platte AppleTalk, RS 232, ADB, SCSI	MC 68 000 10 MHz 2.5 MB - AppleTalk, RS 232, Centronics	MC 68 020 16 MHz 6 MB intern 20 MB AppleTalk, RS 232, Centronics
Übertagungsspr. Emulationen	PostScript Diablo 630	PostScript Diablo 630, HP LaserJet Plus	PostScript Diablo 630	PostScript -
Kopien/Minute Druckrichtung Papierformate	8 Seiten (A4) hoch & quer DIN A4, B5	8 Seiten (A4) hoch & quer DIN A4, B5	26 Seiten (A4) hoch & quer DIN A3, A4	10 Seiten (A4) hoch & quer DIN A3, B4, Legal
Auflösung Schriften	300 x 300 dpi 19 fest, weitere ladbar	300 x 300 dpi 35 fest, weitere ladbar	300 x 300 dpi 13 fest, 60 ladbar	600 x 600 dpi 9 fest, weitere ladbar
Leistungsaufn. Gewicht	750 Watt 40 kg	750 Watt 24 kg	1,1 kWatt 80 kg	1,1 kWatt 73 kg

Tabelle 5-4: Laserdruckerbeispiele mit typischen Kenndaten

Ausgabeperipherie 107

Writer II-NTX. In Tabelle 5-4 sind die technischen Daten des NTX und von drei weiteren Laserdruckern aufgelistet.

5.4 Speicherperipherie

Unter dem Begriff Speicherperipherie können sämtliche Speichermedien zusammengefaßt werden, die extern zum Systemkern größere Datenbestände aufnehmen. Dabei können Systeme mit nur-lesendem Zugriff (CD-ROM) und Einheiten mit Schreib/Lese-Zugriff (Diskettenlaufwerke, Festplatten, Bandlaufwerke, usw.) unterschieden werden. Je nach Art der Speichertechnik kann auch eine Klassifikation in magnetische und optische Speichermedien vorgenommen werden. Weiterhin ist eine anwendungsbezogene Einteilung möglich, bei der man Hintergrund-, Backup- und Archivierungsmedien unterscheidet.

Der Mac-II kann intern (in der Basiseinheit) mit einer 40 bzw. 80 MB Festplatte und mit zwei Diskettenlaufwerken ausgestattet werden. Über die SCSI-Schnittstelle können u.a. externe Speichersysteme wie z.B. Festplatten, Bandlaufwerke oder optische Speichermedien angeschlossen werden.

5.4.1 Magnetische Speichermedien

Disketten und Festplatten sind typische Beispiele für magnetische Speichermedien. Beide sind bzgl. ihrer Organisation und Funktionsweise relativ ähnlich aufgebaut. Sie verwenden als Trägermedium eine Scheibe, die mit einer magnetisierten Substanz beschichtet wird. Bei der Diskette ist dies eine flexible Plastikscheibe und bei der Festplatte eine polierte Aluminiumscheibe. Auf ihnen läßt sich Information in Form von magnetischen Flußwechseln aufzeichnen. Die Zugriffe auf das Speichermedium werden mit einem Schreib-/Lesekopf durchgeführt. Grafik 5-10 zeigt den Aufbau einer magnetischen Speicherscheibe mit dem Schreib-/Lesekopf.

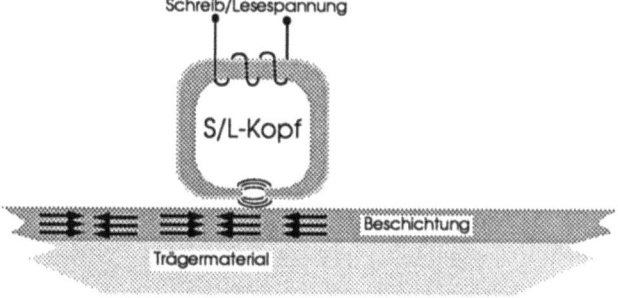

Grafik 5-10: Magn. Speichermedium mit Schreib/Lesekopf

Der Schreib-/Lesekopf besteht im Prinzip aus einem aufgeschnittenen ferromagnetischen Ring, um den eine Drahtspule gewickelt ist. Bei Schreibvorgängen wird durch die stromdurchflossene Spule ein Magnetfeld erzeugt, das am Kopfspalt austritt und die Plattenoberfläche magnetisiert. Umgekehrt wird beim Lesen durch den Flußwechsel der gespeicherten Magnetfelder eine Spannung in der Spule erzeugt.

Zur Darstellung der Information wird nicht die Magnetisierungsrichtung eines Bereichs, sondern der Magnetisierungswechsel zwischen zwei benachbarten Bereichen benutzt. Dabei wird versucht, möglichst viele Daten (Nutzdaten mit Steuerungs- und Kontrollinformation) mit einer minimalen Anzahl von Flußwechseln zu verschlüsseln und diese so dicht anzuordnen, wie es das Speichermedium zuläßt. Durch geeignete Aufzeichnungsverfahren kann eine relativ hohe Datendichte erreicht werden. Zusätzlich zu den Daten muß durch das Aufzeichnungsverfahren ein Takt eincodiert werden, der einen synchronisierten Lesezugriff erlaubt. Die häufigsten Aufzeichnungsverfahren sind RLL (Run Length Limited) und MFM (Modified Frequence Modulation), wobei mit RLL ca. 50 Prozent mehr Nutzdaten abgespeichert werden können.

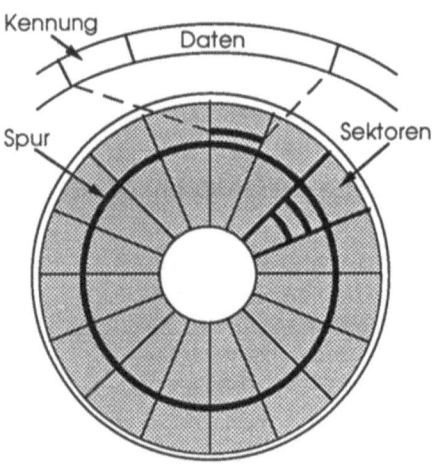

Grafik 5-11: Organisation einer Platten- bzw. Diskettenseite

Vor der Datenaufzeichnung muß durch Formatierung die Organisation einer Platten- bzw. Diskettenoberfläche festgelegt werden. Bei magnetischen Speichermedien wird die Oberfläche in konzentrische Spuren (Tracks) und diese wiederum in einzelne Sektoren unterteilt (Grafik 5-11). Jeder Sektor enthält ein Datenfeld und eine Kennung (Track- und Sektornummer), die beim Formatieren initialisiert wird.

Um auf einen gewünschten Sektor zugreifen zu können, muß der Schreib-/Lesekopf entsprechend positioniert werden. Diese Funktion wird mit Hilfe eines Elektromotors realisiert, der ebenso wie der Antrieb für die Radialbewegung und das Controller-Board einen Teil des Laufwerksystems darstellt.

Speicherperipherie

Diskettenlaufwerke

Eine Diskette kann je nach Ausführung zwischen 40 und 400 Seiten Schreibmaschinentext speichern. Dazu werden 8-, 5.25- und 3.5-Zoll Formate verwendet, die eine Speicherkapazität zwichen 140 KB und 1.6 MB besitzen. Die durchschnittliche Zugriffszeit auf eine Diskette variiert im Bereich von 90 - 250 ms, und die normale Rotationsgeschwindigkeit beträgt 300 Umdrehungen pro Minute.

Die Standardlaufwerke des Mac-II sind für 3.5-Zoll Disketten mit 800 KB Speicherkapazität (beidseitig) konzipiert. Anschluß und Kontrolle erfolgen über die IWM-Schnittstelle (Integrated Woz Machine). Im einzelnen besteht das Diskettensystem aus folgenden Komponenten:

- ein Laufwerk als elektromechanisches System, das die Diskette radial antreibt und mit einem Schreib-/Lesekopf die Information überträgt. Bild 5-7 zeigt einen Blick auf das 3.5-Zoll Diskettenlaufwerk.

- eine Controllereinheit, die mit entsprechenden Treiberprogrammen das elektromagnetischen Systems steuert;

- eine Diskette zur Speicherung der Daten. Die einzelnen Komponenten einer 3.5-Zoll Diskette sind in Bild 5-8 dargestellt.

Positioniermotor für den S/L-Kopf

Elektormotor für softwaregesteuerten Diskettenauswurf

S/L-Köpfe

Bild 5-7: Diskettenlaufwerk

Nach der Formatierung durch ein Macintosh-Laufwerk ist eine 3.5-Zoll Diskette in 80 Spuren pro Seite aufgeteilt, die mit 0..79 von außen nach innen numeriert sind. Jede Spur ist in Sektoren à 512 Byte unterteilt, wobei die Anzahl der Sektoren je nach Spurgruppe differiert. Von den fünf Spurgruppen mit je 16 Spuren enthält die äußerste Gruppe (Spur 0 - 15) 12 Sektoren und die innerste Gruppe (Spur 64 -79) 8 Sektoren. Durch diese Einteilung wird eine effiziente Flächenausnutzung und damit eine Speicherkapazität von 400 KB (800 Sektoren à 512 Byte) pro Diskettenseite erreicht. Da aber der Schreib-/Lesekopf mit konstanter Bitübertragungsrate arbeitet, muß der Diskettenmotor mit 5 unterschiedlichen Drehzahlen zwischen 390 und 605 U/min für eine entsprechende Rotationsgeschwindigkeit der Disketten sorgen.

Bild 5-8: Geöffnete 3.5''-Diskette

Ebenso wie die Organisation kann auch das Aufzeichnungsverfahren als
Spezialllösung bezeichnet werden. Das dabei eingesetzte GCR-Verfahren
(Group Coded Recording) wurde ursprünglich für Magnetband-Recorder entwickelt und codiert nicht jedes Bit einzeln, sondern Gruppen von
Bits. Beispielsweise werden beim 4/6-GCR immer 4 Datenbits in eine 6-Bit
Codierung umgewandelt. Dadurch kann die Anzahl der Flußwechsel und
somit die Datendichte optimiert werden. Die Codierung muß über entsprechende Tabellen realisiert werden und erfordert einen relativ hohen
Schaltungsaufwand.

Festplatten

Prinzipiell kann eine Festplatte als fest installierter Stapel von Speicherplatten betrachtet werden. Dabei sind zwischen 2 und 12 Platten auf einer
festen Achse montiert. Jede Plattenseite ist mit einem Schreib-/Lsekopf
ausgestattet. Diese werden gemeinsam bewegt und operieren damit auf
übereinanderliegenden Spuren, die einen logischen Zylinder definieren.

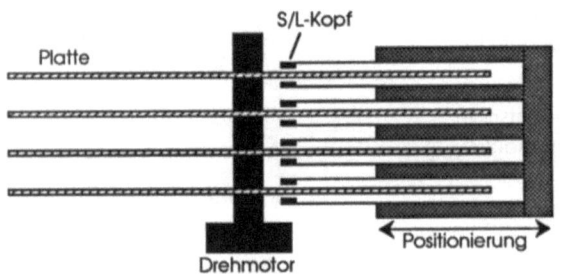

Grafik 5-12: Schnittbild einer Festplatte

Die typischen Zugriffszeiten liegen bei 10 - 85 ms, und die
Speicherkapazität variiert je
nach Konfiguration der Platte
zwischen 20 MB und 5 GB. Der
schematische Aufbau einer
Festplatte ist in Grafik 5-12 mit
einer Schnittzeichnung dargestellt.

Festplatten unterscheiden
sich von Disketten u.a. durch
die Art und Weise des Kopfabstandes. Während bei der Diskette die Schreib-/Leseköpfe quasi auf dem
Speichermedium aufliegen, sind die Schreib-/Leseköpfe einer Festplatte
mit ´Flugeigenschaften´ ausgestattet: Der Kopf ist so konstruiert, daß sich
durch die schnelle Plattenrotation (3600 U/min) und die dabei mitgerissene Luft ein Luftpolster zwischen Plattenoberfläche und Schreib-/Lesekopf aufbaut.

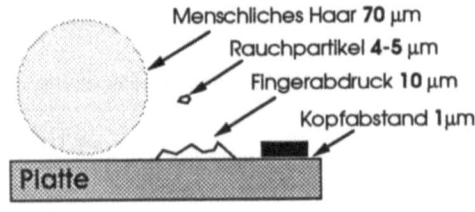

Grafik 5-13: Oberflächenabstand eines S/L-Kopfes

Bei Flughöhen im Mikrometerbereich
stellen Staub- und Schmutzpartikel für
den Schreib-/Lesekopf katastrophale
Hindernisse dar, so daß eine Festplatte
im Reinraum produziert werden muß.
Grafik 5-13 veranschaulicht den
Abstand des Schreib-/Lesekopfes im
Vergleich zum menschlichen Haar und
einem Staubpartikel.

Je nach Aufbau und Form des Schreib-/Lesekopfes können zwei Technologien unterschieden werden: die Winchester- und die Whitney-Technologie. Letztere wird auch als Dünnfilm-Technologie bezeichnet und gibt damit einen Hinweis auf das Herstellungsverfahren. Hingegen wird bei der Winchester-Technologie ein speziell als Flugkörper bearbeiteter Ferrit eingesetzt. Bild 5-9 zeigt einen Blick in eine 5.25-Zoll Festplatte, bei der die Schreib-/Leseköpfe nach der Winchester-Technologie gefertigt sind.

Bild 5-9: Komponenten einer Festplatte

Der Mac-II kann intern (in der Basiseinheit) mit einer 5.25- oder einer 3.5-Zoll Festplatte ausgestattet werden. Standardmäßig wird eine 5.25-Zoll Festplatte mit 40 bzw. 80 MB eingebaut. Zusätzlich können über die SCSI-Schnittstelle weitere externe Festplatten angeschlossen werden. Das derzeitige Spektrum an SCSI-Festplatten für den Mac-II umfaßt Speicherkapazitäten von 20 - 650 MB und Zugriffszeiten von 10 - 50 ms. In Tabelle 5-5 werden drei unterschiedliche SCSI-Festplatten charakterisiert.

	225N	ST157N	Q250	XT8760S
Hersteller	Seagate	Seagate	Quantum	Maxtor
Anzahl der Köpfe	4	6	6	15
Anzahl der Platten	3	4	3	8
Anzahl der Zylinder	615	615	669	1632
Sektoren/Spur	17	26	21	48
Sektorgröße	512 Byte	512 Byte	512 Byte	512 Byte
durchschnittl. Zugriffszeit	28 ms	28 ms	28 ms	
Aufzeichnungsverfahren	MFM	RLL	RLL	RLL/48
Plattendurchmesser	5 1/4 Zoll	5 1/4 Zoll	5 1/4 Zoll	5 1/4 Zoll
formatierte Kapazität	21.4 MB	48.6 MB	105.6 MB	601.6

Tabelle 5-5: SCSI-Festplatten mit typischen Kenndaten

5.4.2 Optische Speichermedien

Als Alternative zu magnetischen Speichermedien haben sich im Bereich der Lasertechnologie drei Laufwerkstypen herausgebildet: die CD-ROM, die WORM und die ´Erasable´. Wesentliches Merkmal dieser optischen Speichermedien ist ihre hohe Speicherkapazität (> 500 MB).

Die CD-ROM (Compact Disc - Read Only Memory) wird mit einer spezifischen Anwendung (Lexikon, Wörterbuch etc.) geliefert, und die einmal bei der Produktion gespeicherte Information ist nicht mehr veränderbar. Die WORM (Write Once Read Many) kann einmal vom Anwender beschrieben werden und eignet sich ebenso wie die CD-ROM hauptsächlich, um Informationen abzurufen bzw. zu archivieren. Lediglich die ´Erasable´ erfüllt die gleichen Funktionen wie eine Festplatte, d.h. sie kann sowohl beliebig oft beschrieben als auch gelöscht werden. Manchmal wird auch die WORM als CD-PROM (Compact Disc - Programmable Read Only Memory) und die Erasable als CD-EPROM (Compact Disc - Erasable Programmable Read Only Memory) bezeichnet. Im folgenden wird lediglich die CD-ROM etwas näher betrachtet.

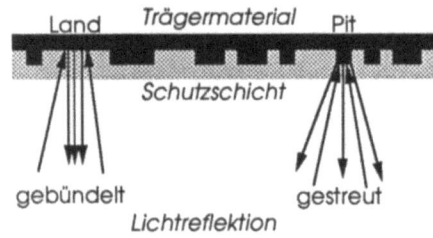

Grafik 5-14: Aufbau und Informationsdarstellung einer CD-ROM

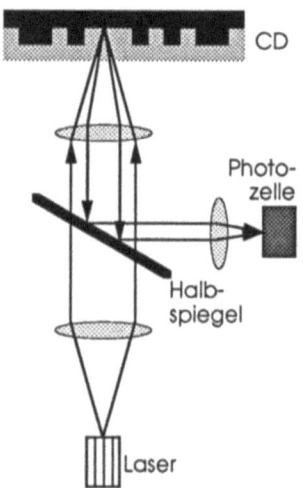

Grafik 5-15: CD-Lesezugriff mit einem Laserstrahl

Die CD-ROM baut auf die Technologie der Audio-CD auf. Dadurch können auch Audio-CDs auf vielen der derzeitig erhältlichen CD-ROM-Laufwerken abgespielt werden. Als optisches Speichermedium wird die CD-ROM im gleichen Verfahren wie die Audio-CD "gepreßt", d.h. die binäre Information wird einseitig auf dem Speichermedium mit Hilfe sogenannter ´pits´ und ´lands´ dargestellt. Grafik 5-14 beschreibt den Aufbau einer CD-ROM und die unterschiedliche Reflexion eines Laserstrahls bei ´pits´ und ´lands´. Dieses Reflexionsverhalten wird beim Lesezugriff genutzt: lediglich bei einem ´land´ wird das Licht gebündelt reflektiert und von der Photozelle als hohe Lichtintensität aufgenommen. Der optische Aufbau zur Abtastung einer CD mit einem Laserstahl ist in Grafik 5-15 schematisch dargestellt.

Im Gegensatz zu magnetischen Speichermedien sind die Daten nicht auf konzentrischen Spuren, sondern wie bei einer Schallplatte auf einer Spirale angeordnet. Diese Spirale ist in gleichlange Sektoren unterteilt und erlaubt damit eine bessere Flächenausnutzung. Die große Speicherkapazität einer CD-ROM wird jedoch im wesentlichen durch die hohe Spurdichte erreicht. Die Anzahl der Spuren (Tracks per Inch; tpi) kann aus dem Abstand der Spiraldrehungen errechnet

Bezeichnung:	AppleCD SC
Hersteller:	Apple / Sony
Kapazität:	656 MB
Zugriffszeit:	
- Durchschnitt:	500 - 600 ms
- Maximum:	1.2 s
Datendurchsatz:	150 KB/sec
Rotationsgeschwindigkeit:	230 - 530 U/min
Datentransferrate:	ca. 800 KB/sec
Akustische Wiedergabe:	
- Spielzeit:	74 min.
- Frequenzgang:	20 bis 20 000 Hz
Schnittstellen:	SCSI, 2 Analog-Anschlüsse
Elektrische Werte:	
- Spannungsversorg.:	85 - 270 V
- Frequenz:	47 - 65 Hz
- max. Leistungsaufn.:	40 Watt

Tabelle 5-6: Technische Daten eines CD-ROM Laufwerks

werden und beträgt normalerweise 16 000 tpi. Im Gegensatz dazu beträgt die Spurdichte bei einer Diskette ca. 100 tpi und bei Festplatten zwischen 600 und 800 tpi. In Tabelle 5-6 sind die typischen Daten eines CD-ROM Laufwerks zusammengefaßt.

5.5 Kommunikationsperipherie

Die Leistungsfähigkeit eines Rechners wird nicht nur durch seine Einzeldaten, sondern immer mehr auch durch seine Kommunikationsmöglichkeiten mit anderen Systemen bestimmt. Die dazu notwendigen Software- und Hardwarekomponenten können unter dem Begriff "Kommunikationsperipherie" zusammengefaßt werden. Typische Anwendungsbeispiele in diesem Peripheriebereich sind die Kommunikation über Netzwerke, der Zugriff auf öffentliche Informationssysteme oder der Anschluß an einen Hostrechner (zentraler Großrechner). Je nach Anwendung müssen unterschiedliche Verbindungsstrukturen mit entsprechenden Hard- und Softwarekomponenten realisiert werden. Grafik 5-16 zeigt eine Einteilung der typischen Verbindungsstrukturen mit entsprechenden Anwendungsbeispielen.

Die Grundvoraussetzung für die Kommunikation zwischen Anwendungen auf unterschiedlichen Systemen ist eine einheitliche Verbindung der einzelnen Systeme untereinander. Neben dieser i.a. genormten physikalischen Verbindung bedarf es weiterer Vereinbarungen, damit die einzel-

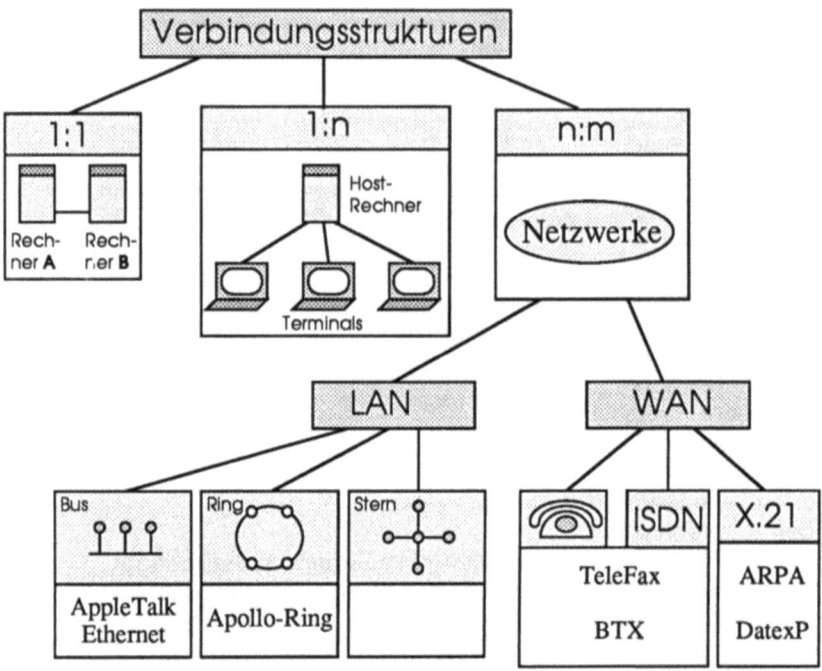

Grafik 5-16: Klassifikation der Verbindungsstrukturen

nen Anwendungen kooperieren können. Eine Standardisierung dieser Vereinbarungen ist Voraussetzung für eine offene Netzwerkarchitektur, die eine herstellerunabhängige Auslegung der Kommunikationsperipherie ermöglicht. Dieses Bestreben wird durch die internationale Standardisierungsorganisation (ISO- International Standard Organisation) unterstützt, in der eine Vielzahl von nationalen Normierungsgremien und Vereinigungen zusammengeschlossen sind (z.B. DIN, ANSI, CCITT, ECMA). Als Resultat dieser Bemühungen wurde das Referenzmodell für 'Open Systems Interconnection' (OSI) definiert und als Richtlinie veröffentlicht.

Das ISO/OSI-Referenzmodell beschreibt die theoretischen Grundlagen für den Netzwerk-Bereich. Es gliedert die Kommunikation in eine 7-Schichten Protokollhierarchie und definiert für jede Schicht die entsprechenden Aufgaben und Begriffe. Der Begriff Protokoll entspricht in diesem Zusammenhang einer Menge von Regeln, die den Austausch von Informationen eindeutig festlegen (Kommunikationsbeziehung). Protokolle auf höherer Ebene schließen die darunterliegenden Ebenen mit ein, und je höher die Schicht, desto hardware-unabhängiger werden die zugehörigen Funktionen. Grafik 5-17 beschreibt den Aufbau des Referenzmodells und skizziert die Aufgaben der einzelnen Schichten mit entsprechenden Protokollbeispielen.

Kommunikationsperipherie

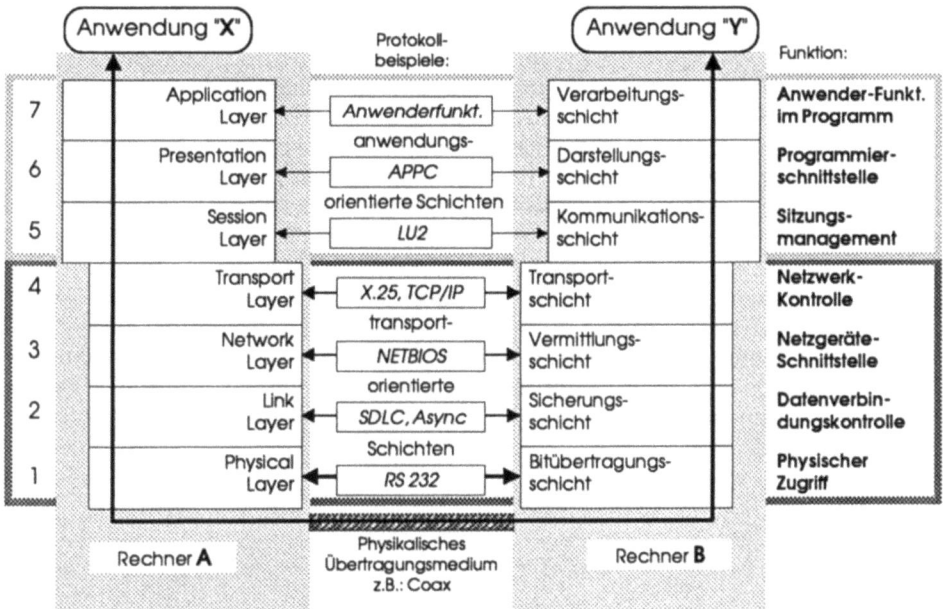

Grafik 5-17: OSI - Referenzmodell

Nach dem OSI-Referenzmodell können lokale Netzwerke (LAN - local area networks) schrittweise definiert und aufgebaut werden. Diese Netzwerke können u.a. nach den zwei Kriterien Topologie und Zugriffsverfahren klassifiziert werden. Die Topologie des Netzwerks beschreibt die Verbindungsstruktur der einzelnen Teilnehmer, wobei zwischen Stern-, Ring- und Busstruktur (vgl. Grafik 5-16) unterschieden wird. Das Zugriffsverfahren kennzeichnet den Mechanismus, mit dem einzelne Teilnehmer auf das lokale Netzwerk zugreifen und dabei das Übertragungsmedium belegen. Als bekannteste Verfahren sind CSMA/CD (Carrier Sense Multiple Access with Collision Detection) für Bus-Systeme und Token Passing für Ring-Systeme zu erwähnen. Beim CSMA/CD können mehrere Teilnehmer gleichzeitig auf das Netz zugreifen, wogegen beim Token Passing nur der Teilnehmer auf das Übertragungsmedium zugreifen kann, der im Besitz eines sogenannten Tokens ist. Dieser Token wird im Netzwerk durch entsprechende Verwaltungsroutinen von Teilnehmer zu Teilnehmer weitergereicht. Beide Verfahren haben ebenso wie die einzelnen Topologieformen Vor- und Nachteile, die jedoch an dieser Stelle nicht weiter betrachtet werden sollen.

Hingegen wird im nächsten Punkt das LocalTalk-Netzwerksystem als Beispiel für ein LAN näher betrachtet. Anschließend werden die Möglichkeiten der Datenübertragung zwischen Macintosh- und MS-DOS-Systemen skizziert. Der letzte Abschnitt befaßt sich mit den Verbindungsmöglichkeiten zum Ethernet.

5.5.1 LocalTalk - Netzwerksystem

Das lokale Netzwerksystem LocalTalk (ursprünglich AppleTalk genannt und aus AppleBus entwickelt) wird zur Kommunikation von Macintosh- und LocalTalk kompatiblen Systemen eingesetzt. Insgesamt können damit bis zu 32 Teilnehmer (Rechner und Peripheriegeräte) miteinander verbunden werden. Die Konzeption basiert auf einem seriellen Bussystem mit dem Zugriffsverfahren CSMA/CA (Carrier Sense Multiple Access with Collision Avoidance). Mit einer maximalen Reichweite von 300 m und einer Übertragungsgeschwindigkeit von 230,4 KBit/sec sind die Einsatzmöglichkeiten auf Büro- und Verwaltungsumgebungen ausgerichtet. Dieser Ansatz wird zusätzlich durch die relativ einfache Netzwerkinstallation unterstützt. Neben dem grundsätzlichen Aufbau werden im folgenden die Kennzeichen näher betrachtet, die in Tabelle 5-7 zusammengefaßt sind.

Netzwerk-Typ:	LAN (lokales Netz)
Topologie:	Bus
Architektur:	offen
Zugriffsverfahren:	CSMA/CA
Übertragungsformat:	SDLC
Teilnehmer:	max. 32 Systeme
Kabellänge:	max. 300 Meter
Datenübertragung:	seriell
Geschwindigkeit:	230,4 KBits/sec
Übertragungskabel:	zweiadrig, abgeschirmt, verdrillt
Geräteanschluß:	passive, selbst abschließend
Konfiguration:	selbst konfigurierend
Übertragunsstandard:	RS-422 Schnittstelle mit differenz. Signal
Protokollstruktur:	

5-Ebenen-Konzept (AppleTalk) mit folgendem Aufbau:
- 1. Verbindung: - 'AppleTalk Link Access Protocol' (ALAP);
- 2. Netzwerk: - 'Datagram Delivery Protocol' (DDP);
- 3. Transport: - 'Echo Protocol' (EP),
  - 'AppleTalk Transaction Protocol' (ATP),
  - 'Name Binding Protocol' (NBP),
  - 'Routing Table Maintenance Protocol' (RTMP);
- 4. Sitzung: - 'Zone Information Protocol' (ZIP),
  - 'AppleTalk Session Protocol' (ASP),
  - 'Printer Access Protocol' (PAP);
- 5. Darstellung: - 'AppleTalk Filing Protocol' (AFP);

Tabelle 5-7: Kennzeichen des LocalTalk-Netzwerksystems

Kommunikationsperipherie

Der grundsätzliche Aufbau des LocalTalk-Netzwerksystems ist typisch für LANs und setzt sich aus folgenden vier Teilsystemen zusammen:

- **Verbindungs-Hardware** zur Vernetzung der Teilnehmer (Kabelsatz)
- **Teilnehmerinterne Hardware** zum Netzwerkanschluß (SCC-Interface)
- **Protokoll-Software**, mit der die eigentliche Kommunikation durchgeführt wird (AppleTalk Protokoll-Architektur)
- **Netzwerk-Software**, mit der die Anwenderschnittstelle realisiert wird (z.B. TOPS oder AppleShare)

Für LocalTalk kann die Aussage "Netzwerk eingebaut" dadurch begründet werden, daß die rechnerinterne Hardware und die Protokoll-Software standardmäßig in jedem Macintosh-System enthalten sind. Die Protokoll-Software ist als Teil der Toolbox in den ROMs abgespeichert, und der Netzwerkanschluß erfolgt über den Printer Port (serieller Port B), so daß im wesentlichen der SCC-Baustein (Z 8530) für die technische Abwicklung der Kommunikation verantwortlich ist.

Als Übertragungsmedium wird eine abgeschirmte, verdrillte Zweidrahtleitung eingesetzt, die je zwei Netzwerkteilnehmer über spezielle Anschlußmodule miteinander verbindet. In Grafik 5-18 ist die Verbindungsstruktur eines LocalTalk-Netzes mit drei Macintosh-Systemen und einem Laserdrucker dargestellt. Für die Installation der Verbindungs-Hardware werden im Prinzip nur die Kabel und Anschlußmodule zusammengesteckt. Das MS-DOS-System muß zusätzlich mit einer entsprechenden Netzwerkkarte ausgestattet werden. Entsprechend dem Buskonzept des LocalTalk-Netzes sind beide Enden des Netzwerks ohne weitere Verbindung. Der Busabschluß wird über die Anschlußmodule hergestellt.

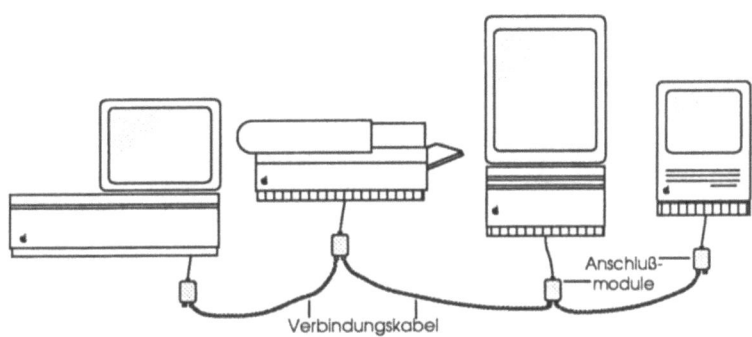

Grafik 5-18: Beispiel einer LocalTalk Vernetzung

Durch das Anschlußmodul können Geräte während des Netzbetriebs ohne größere Störungen an- bzw. abgeschaltet werden (passive Anschaltung), d.h. die Geräte werden im Netz "parallel betrieben" und nicht in Reihe wie z.B. beim Token-Ring. Damit können auch Geräte ausgeschaltet sein bzw. während des Netzwerkbetriebs an- oder abgeklemmt werden. Ein Nachteil der passiven Anschaltung ist das Schwanken der Übertragungsrate.

Die Konfiguration des Netzwerks wird automatisch durchgefüht (selbst konfigurierend), ohne daß ein Benutzerschalter oder eine spezielle Identifikation notwendig ist. Dazu weist sich jedes Gerät selbst eine 8-Bit-Identifikationsnummer (Node-ID) zu, mit der Nachrichten im Netzwerk adressiert werden können.

Bei der Kommunikation zwischen zwei Netzteilnehmern verschickt der Sender die Nachricht mit der Node-ID über den Bus in beide Richtungen. Alle Netzteilnehmer hören ständig mit, nehmen aber nur Nachrichten entgegen, wenn diese als Zieladresse die entsprechende Node-ID enthalten. Störende Reflektionen an den beiden Enden des Bus-Systems werden durch Abschlußwiderstände verhindert.

Die Protokoll-Software des LocalTalk-Netzwerks ist strukturell entsprechend dem ISO/OSI-Schichtenmodell aufgebaut; sie wird als AppleTalk Protokoll-Architektur bezeichnet. In diesem 5-Ebenen-Konzept stellt jede Schicht Dienste für die darüberliegende Schicht bereit. Die einzelnen Protokolle sind durch Softwareroutinen implementiert, im sogenannten AppleTalk-Manager zusammengefaßt und im Festwertspeicher (ROM) abgelegt. Ein Anwenderprogramm kann die Dienste jeder Ebene in Anspruch nehmen. Die Architektur der 5 Protokollebenen und ihre Verbindung zur Ebene 0 (Hardware-Ebene) sind in Grafik 5-19 dargestellt. Im folgenden werden die 5 Protokoll-Ebenen kurz beschrieben:

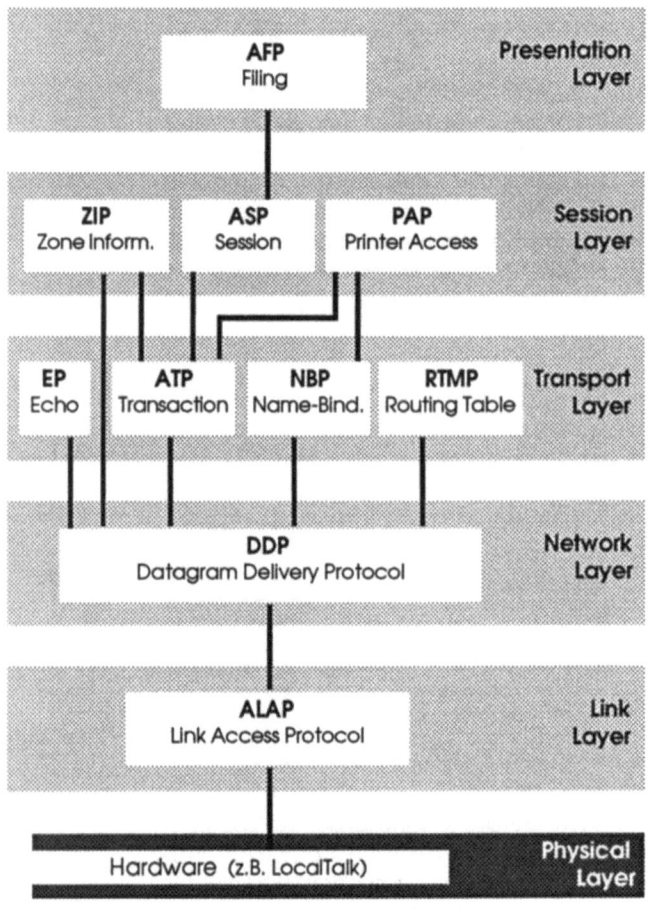

Grafik 5-19: AppleTalk Protokoll-Architektur

Die **Verbindungs-Ebene** (Schicht 1 und 2 des OSI-Referenzmodells) mit dem ´AppleTalk Link Access Protocol´ (**ALAP**) stellt die unterste Protokollebene dar und kontrolliert den Zugriff auf die LocalTalk-Hardware. Hier wird jedem Gerät dynamisch und dezentral seine Node-ID zugeordnet, über die es adressiert werden kann. Dynamisch und dezentral bedeutet, daß bei Aktivierung einer Station im Netz diese Station eine "vermutete" Adreßnummer wählt und anschließend einen ALAP-Anforderungsrahmen mit der gleichen Zieladresse versendet. Der Empfang eines Quittungs-Signals beweist, daß die gewählte Adresse bereits vergeben ist und der Prozeß der Adressenfindung wiederholt werden muß. Die Knotenadresse gilt als festgelegt, wenn nach wiederholter Übertragung des Anforderungsrahmens keine Quittierung erfolgt. Das ALAP ermöglicht den Austausch von Daten zwischen Geräten innerhalb eines Netzes über ALAP-Rahmen im SDLC-Datenformat. Ein ALAP-Rahmen ist ein variabel langes Datenpacket (max. 600 Bytes), umrahmt von Kontrollinformation mit der Datenquell- und Datenziel-Adresse, sowie einem Generatorpolynom zur Fehlererkennung (Cyclic Redundancy Check). Der ALAP-Rahmen kann an alle Geräte im Netz gesendet werden. Dieser Broadcast-Dienst wird durch die Zieladresse 255 (Node-ID ´11111 111´) spezifiziert.

Beim Zugriffsverfahren auf das Netz (CSMA/CA: Carrier Sense Multiple Access with Collision Avoidance) hört eine Station mit Sendewunsch vor Sendebeginn, ob momentan Daten übertragen werden, und greift nur dann auf das Netz zu (RTS: Request To Send), wenn es frei ist. Wird auf das RTS-Signal nicht mit einer Quittung (CTS: Clear To Send) von der adressierten Station geantwortet, so liegt eine Kollision vor. Im diesem Falle wird ein Rückstellmechanismus (´back-off´-Verfahren) eingesetzt, bei dem die Sendestation nach einer zufallsgesteuerten Zeitspanne ein erneutes Zugriffsverfahres startet.

Die **Netzwerk-Ebene** (Schicht 3 des OSI-Referenzmodells) mit dem ´Datagram Delivery Protocol´ (**DDP**) sieht die Vernetzung mehrerer LocalTalk-LAN´s über ´Bridge Connections´ bzw. ´Bridges´ zu LocalTalk-Internets vor. ´Bridges´ werden auch als ´Internet Routing Nodes´ oder ´Gateways´ bezeichnet und können LocalTalk-Netze ggf. über öffentliche Packet- oder Leitungsvermittlungsnetze miteinander verbinden. Im wesentlichen müssen ´Gateways´ die Umsetzung von Protokollen, die Codeumsetzung und die Geschwindigkeitstransformation übernehmen. Die Vernetzung mehrerer Netzwerke erfordert die Definition des ´Datagram Delivery Protocol´ (DDP). Als Übertragungseinheit für dieses Protokoll wird das Datagramm benutzt. Datagramme sind eingebettet in den ALAP-Rahmen. Ziele und Quellen von Datagrammen heißen ´Sockets´, die etwa durch Prozesse in Hoststationen repräsentiert sein können. Sockets werden durch eine pro Station eindeutige 8-Bit lange Socket-Nummer identifiziert. Die Node-ID zusammen mit der Socket-Nr. bildet eine sogenannte Socket-Adresse. Diese Adresse ist eindeutig innerhalb eines LocalTalk-LAN. Unterschiedliche Netze sind durch 16-Bit Netzadressen gekennzeichnet, so daß aus der Node-ID, der Socket-Nr. und der Netzadresse eine eindeutige Internet-Adresse in einem LocalTalk-Internet gebildet werden kann, mit der Ziele und Quellen von Datagrammen identifiziert werden können.

Ein Datagramm wird vom Quell-Socket aus über die verschiedenen Local-Talk-Netze bzw. die ´Gateways´ bis ins Ziel-Netzwerk übertragen, wo es vom zugehörigen ALAP zum Ziel-Socket geschickt wird. Datagramme können nicht zwischen Sockets im gleichen Netz ausgetauscht werden.

Die **Transport-Ebene** (Schicht 4 des OSI-Referenzmodells) enthält folgende vier Protokolle:

- ´Echo-Protocol´ (**EP**): Dieses Protokoll stellt einen Echo-Socket über die statische Socket-Nr. 4 bereit. Dieser Mechanismus kann für Testzwecke oder zur Zeitmessung benutzt werden.

- ´AppleTalk Transaction Protocol´ (**ATP**): Dieses Protokoll stellt über einen Transaktions-Request einen zuverlässigen, fehlerfreien Transport-Dienst bereit (Recovery-Mechanismus).

- ´Name Binding Protocol´(**NBP**): Dieses Protokoll leistet Namenstabellen mit den Namen und Internet-Adressen der Netzwerk-Teilnehmer.

- ´Routing Table Maintenance Protocol´(**RTMP**): Über dieses Protokoll tauschen ´Gateways´ periodisch ihre Routing-Tabellen aus, um über Änderungen im Netzwerk aktuelle Informationen zu besitzen. Die Routing-Tabelle eines ´Gateway´ enthält für jedes über dieses ´Gateway´ erreichbare Netzwerk einen Eintrag.

Die **Sitzungs-Ebene** (Schicht 5 des OSI-Referenzmodells) enthält folgende drei Protokolle:

- ´Zone Information Protocol´ (**ZIP**): Über Zonen ist eine Unterteilung eines großen Internets in ein oder mehrere Netzwerke möglich. So kann z.B. ein Broadcast-Dienst an eine bestimmte Zone geschickt werden.

- ´AppleTalk Session Protocol´ (**ASP**): Eine Sitzung stellt eine logische Beziehung zwischen einem Client und einem Server in zwei verschiedenen Netzen dar. Mit Hilfe dieses Protokolls können Sitzungen eröffnet und geschlossen sowie Anforderungen vom Client an den Server gestellt werden.

- ´Printer Access Protocol´ (**PAP**): Dieses Protokoll unterstützt die Benutzung der Laserdrucker über das LocalTalk-Netz.

Die **Darstellungs-Ebene** (Schicht 6 des OSI-Referenzmodells) enthält u.a. das ´Apple Talk Filing Protocol´ (**AFP**) . Dieses steuert den gleichzeitigen Zugriff mehrerer Netz-Teilnehmer auf Dateien und wird bei der Implementierung von Fileservern benötigt.

Mit Hilfe der oben skizzierten AppleTalk Protokoll-Architektur können verschiedene Anwendungen (Schicht 7 des OSI-Refernzmodells) implementiert werden. Beispielsweise ist mit dem dedizierten Fileserver AppleShare der gleichzeitige Zugriff auf Datenbestände durch mehrere Netzwerk-Teilnehmer möglich. Im Gegensatz zu AppleShare ist die Netzwerk-Software TOPS als verteilter Server (Distributed Server) realisiert, d.h. es muß kein

Rechner ausschließlich für Serverleistungen eingesetzt werden. Allerdings ist TOPS nur für kleinere Netze mit 5-6 Teilnehmern geeignet. Im TOPS-Netzwerk ist jeder Teilnehmer zur gleichen Zeit Server und Client , d.h. jeder kann zur gleichen Zeit Daten beziehen und zur Verfügung stellen.

Beim AppleShare muß die Leistungsfähigkeit durch Bereitstellen eines Rechners als Server "erkauft" werden. AppleShare ist damit für größere Netzwerke geeignet und bietet für 25 Benutzer einen Log-in-Mechanismus (jeder Benutzer braucht ein Paßwort), ein System von Zugriffsprivilegien für einzelne Nutzer oder Nutzergruppen und die hierarchische Verwaltung der Platten. AppleShare verwaltet pro Platte maximal 180 MB und steuert maximal 7 Festplatten an (insgesamt 1260 MB).

Die AppleTalk-Protokollarchitektur kann auch mit anderen Übertragungsmedien eingesetzt werden. Beispielsweise besitzt **PhoneNet** mit 1000 Metern eine größere Reichweite und mit 1 MBits/sec eine höhere Übertragungsgeschwindigkeit. PhoneNet kann eine Telefonanlage als Transportmedium benutzen und gestattet den Aufbau des Netzes in beliebiger Form: von der Bus-Architektur über den passiven und aktiven Stern bis zur Baumstruktur. Lediglich Ringstrukturen sind nicht möglich. Auch mit dem Ethernet-Verkabelungssystems sind höhere Übertragungsgeschwindigkeiten, größere Kabellängen und mehr Benutzerstationen realisierbar. Jedoch muß bei dieser Lösung jeder Netzteilnehmer mit einem Ethernet-Controller ausgestattet werden.

5.5.2 MS-DOS - Verbindung

Der Informationsaustausch zwischen Macintosh- und MS-DOS-Computern kann im Prinzip über drei verschiedene Wege realisiert werden. Der erste Weg (Medien-Kompatibilität) sieht den Anschluß eines externen MS-DOS-Diskettenlaufwerkes an den Macintosh vor, mit dem MS-DOS Disketten bearbeitet werden können. Beim zweiten Weg (Anwendungs-Kompatibilität) wird durch die MS-DOS-Coprozessor-Erweiterungskarte die Emulation von MS-DOS-Programmen ermöglicht. Die vielseitigste Möglichkeit (Daten-Kompatibilität) bietet die Kopplung von Mac-Rechnern und PCs über eine direkte Leitung oder ein Netzwerk.

Weitere Rechnerkopplungen wie z.B. der Anschluß an Mainframes von IBM oder Siemens sind möglich, sollen aber hier nicht näher betrachtet werden.

5.5.3 Ethernet - Anschluß

Das Ethernet ist ein lokales Netzwerk, das gemeinsam von DEC, Intel und Xerox entwickelt wurde. Ethernet ist ein Busnetz für bis zu 1024 Teilnehmer und wird aus einzelnen Bussegmenten zusammengesetzt. Das Vernetzungsmedium ist ein Koaxialkabel, dessen Segmente eine Länge von maximal 185 Metern (beim "dünnen" Ethernet) bzw. 500 Metern (beim "dicken" Ethernet) haben. Die maximale Netzlänge beträgt 2,5 Kilometer und die Übertragungsgeschwindigkeit erreicht 10 MBits/sec.

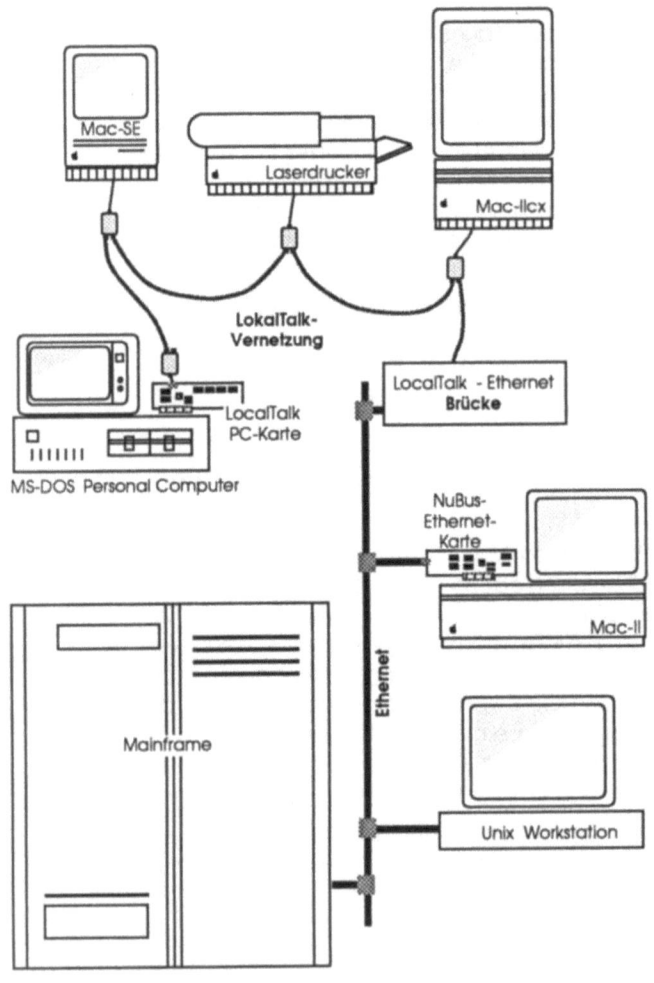

Grafik 5-20: Netzwerkkonfiguration mit Ethernet

Normalerweise wird die Datenübertragung auf einem Ethernet mit Hilfe von TCP/IP (Transmission Control Protocol / Internet Protocol) durchgeführt. Dabei wird als Zugriffsverfahren CSMA/CD (Carrier Sense Multiple Access with Collision Detection) eingesetzt.

Der Mac-II kann mit einer EtherTalk-Erweiterungskarte direkt ins Ethernet eingebunden werden. Damit kann sowohl das TCP/IP- als auch das AppleTalk-Protokoll für die Kommunikation benutzt werden. Bei einem Ethernet mit AppleTalk sind 264 Teilnehmer und eine maximale Netzlänge von 1000 Metern möglich.

Eine weitere Verbindungsmöglichkeit stellt die Kopplung des LocalTalk-Netzes und des Ethernets über ein spezielles

Anschlußmodul (Gateway) dar. In Grafik 5-20 ist eine Netzwerkkonfiguration mit den verschiedenen Verbindungsmöglichkeiten zwischen Ethernet- und LocalTalk-Netzwerken dargestellt.

5.6 Übungen

Aufgabe 5-1: Betrachten Sie die Speichertypen Register, Massenspeicher, Cache, Archivspeicher und Hauptspeicher unter folgenden Aspekten:
    a.) hierachische Anordnung aus dem Blickwinkel der CPU
    b.) Größenordnung der Zugriffszeit und Speicherkapazität
    c.) physikalische Plazierung

Aufgabe 5-2: Erläutern Sie die Begriffe Kapazität, Zugriffszeit und Übertragungsrate am Beispiel einer Festplatte und geben Sie die typischen Größenordnungen an.

Aufgabe 5-3: Bei Festplatten beträgt der Abstand zwischen Schreib-/Lesekopf und Speichermedium ca. 1 µm. Trotz dieses sehr geringen Abstandes kommt es im Normalfall nicht zu einer Berührung. Erläutern Sie diesen Sachverhalt.

Aufgabe 5-4: Erläutern Sie die Begriffe Spur, Sektor und Zylinder.

Aufgabe 5-5: Ergänzen Sie die folgende Tabelle mit den entsprechenden Festplatten-Kenngrößen:

	8425S	ST157N	R03130T	XT8760S
Hersteller	Miniscribe	Seagate	Rodime	Maxtor
Anzahl der Köpfe	4	6	7	....
Anzahl der Zylinder	612	615	....	1632
Sektoren/Spur	17	26	28	48
Sektorgröße	512 Byte	....	512 Byte	512 Byte
Aufzeichnungsverfahren	MFM	RLL	RLL	RLL/48
formatierte Kapazität	....	48.6 MB	105.6 MB	601.6 MB

Aufgabe 5-6: Berechnen Sie die Rotationsgeschwindigkeit einer 3.5-Zoll Diskette und einer 5.25-Zoll Festplatte (Betrachten Sie dabei die äußerste Spur).

Aufgabe 5-7: Entwerfen sie eine Klassifikation für Peripheriegeräte mit mindestens 4 Teilgruppen, und geben Sie zu jeder Teilgruppe 5 typische Beispielgeräte an.

Aufgabe 5-8: Berechnen Sie die Bildspeicherkapazität für ein Videosystem mit 16 gleichzeitig darstellbaren Farben und einer Monitorauflösung von 640 x 480 Pixel.

Aufgabe 5-9: Wieviele Farben können gleichzeitig mit einem Videosystem dargestellt werden, das mit einer Farbtiefe von 24 Bit und einer Monitorauflösung von 1024 x 768 Punkten arbeitet?

Aufgabe 5-10: Erläutern Sie die 2-stufige Farbcodierung eine Grafikkarte mit Video-RAM und CLUT.

Aufgabe 5-11: Auf einem 13´´-Monitor mit einem aktiven Videobereich von 235 x 176 mm wird mit einer Auflösung von 640 x 480 Pixel gearbeitet. Berechnen Sie die Pixelauflösung in dpi (dots per inch).

Aufgabe 5-12: Im allgemeinen muß eine Druckseite im Laserdrucker aufbereitet werden, bevor der eigentliche Druckvorgang erfolgt. Berechnen Sie für Druckauflösung von 300 und 600 dpi die Speicherkapazität, die für eine DIN A4-Seite (8´´ x 12´´) benötigt wird.

Aufgabe 5-13: Erläutern Sie am Beispiel von PostScript die Notwendigkeit von Seitenbeschreibungsprachen.

Aufgabe 5-14: Von einer 80MB Festplatte soll mit Hilfe eines Streamers ein Back-Up erstellt werden. Wie lange dauert die Sicherung, falls der Streamer mit einer Datenübertragungsgeschwindigkeit von 500 KBit/sec arbeitet?

Aufgabe 5-15: Der Inhalt einer Diskette (800 KB) soll mit einem Netzwerk übertragen werden. Wie lange dauert dieser Vorgang, wenn die Übertragungsrate des Diskettenlaufwerks 375 KBaud und die Übertragungsrate des Netzwerks 230,4 KBit/s beträgt?

6 : Neuentwicklungen

Dieses Kapitel soll den Leser so nahe wie möglich an den aktuellen Entwicklungsstand heranführen. Entsprechend dieser Zielsetzung werden im ersten Abschnitt die beiden Weiterentwicklungen des MC 68 020 Mikroprozessors und im zweiten Abschnitt die neusten Modelle der Macintosh-Familie vorgestellt.

6.1 Prozessoren

Der in Kapitel 4 beschriebene MC 68 020 wird seit 1984 produziert wird. 1988 hat Motorola als Weiterentwicklung den MC 68 030 auf den Markt gebracht. Seit Frühjahr 1989 sind Spezifikationen über den MC 68 040 erhältlich. Im folgenden werden diese Nachfolgermodelle spezifiziert und insbesondere die Unterschiede zum MC 68 020 näher betrachtet.

MC 68 030

Eine modifizierte Architektur nach dem Harvard-Prinzip sowie die Integration von MMU und Datencache sind die wesentlichen Kennzeichen des MC 68 030. Diese Kennzeichen sind auch in Grafik 6-1 zu erkennen, die den internen Aufbau des MC 68 030 durch ein vereinfachtes Blockdiagramm darstellt. Vom MC 68 020 unterscheidet er sich durch folgende Merkmale:

- Harvard-Architektur
- Teilmenge der PMMU (MC 68 851) integriert
- 256 Byte Datencache
- verbesserter Buscontroller
- 20 MHz Standard-Taktfrequenz (max. 50 MHz möglich)
- mit 1,2µ-HCMOS Technik gefertigt

Der MC 68 030 ist wie der MC 68 020 mit einem 256 Byte grossen Befehlscache und einer 2-stufigen Mikrocodierung ausgestattet. Im Hinblick auf das vorhandene Softwarepotential wurde volle Kompatibilität gefordert und realisiert.

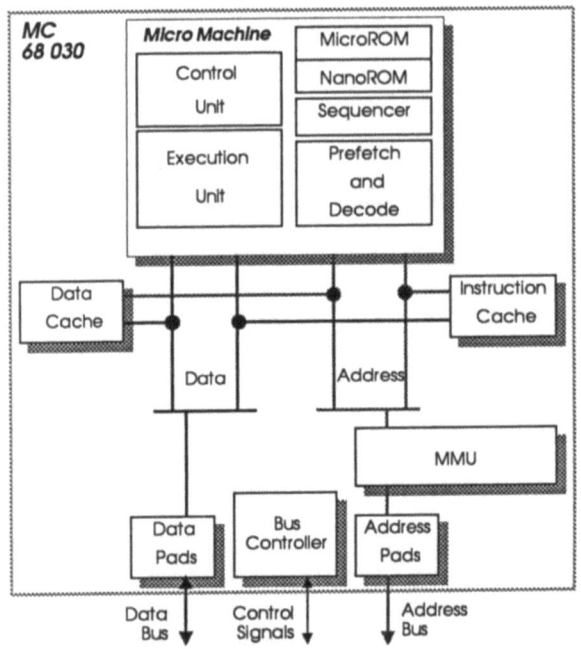

Grafik 6-1: Blockdiagramm des MC 68 030

Beim MC 68 020 werden Daten und Befehle intern über den selben Bus übertragen. Durch getrennte Übertragung auf verschiedenen Bussen kann die Parallelität und damit die Leistungsfähigkeit gesteigert werden. Dieses beim MC 68 030 verwirklichte Prinzip nennt man Harvard-Architektur.

In Multitasking- und Multiuser-Betriebssystemen wird die Speicherverwaltung durch entsprechende Hardwareeinheiten (MMUs) unterstützt. Beim Systemaufbau mit dem MC 68 020 muß die MMU (MC 68 851) extern als Coprozessor angeschlossen werden. Durch die Integration der MMU auf dem 68030-Chip werden nicht nur die externen Verzögerungszeiten eliminiert und die Verlustleistung reduziert, sondern auch der Platzbedarf und die Kosten des Gesamtsystems verkleinert.

Zusätzlich zum Befehlscache ist der MC 68 030 mit einem 256 Byte großen Datencache ausgestattet. Beide Caches sind zwischen der MMU und der Verarbeitungseinheit angeordnet und werden deshalb auch als logische Caches bezeichnet. Im günstigsten Fall kann parallel zum internen Zugriff auf Befehls- und Datencache ein externer Schreibzugriff auf den Arbeitsspeicher erfolgen. Damit sind bis zu drei parallele Buszugriffe möglich.

Ein verbessertes Chip-Layout ermöglichte die Verkürzung der Signal-Pfade. Dadurch konnte einerseits die Standard-Taktfrequenz auf 20 MHz erhöht und andererseits die Zeit reduziert werden, um die Adreß- und Datenleitungen zu treiben. Die damit verbundene Optimierung des Buscontrollers erlaubt einen externen Buszyklus von zwei Taktzyklen. Dieser schnelle Buszugriff muß synchron mit einer Breite von 32 Bit durchgeführt werden. Gegenüber dem MC 68 020 bedeutet dies ein Leistungssteigerung von 33%. Dieser Prozentsatz wird zusätzlich durch die unterschiedlichen Standard-Taktfrequenzen gesteigert: bei 20 MHz erreicht der MC 68 030 eine maximale Datentransferrate von 40 MB/s, während beim MC 68 020 mit 16,6 MHz nur 22 MB/s möglich sind.

Der schnelle Buszugriff verlangt entsprechend schnelle Hauptspeicherbausteine (ca. 25 ns Zugriffszeit). Dieser Forderung wird zusätzlich durch einen neuen Zugriffsmodus entsprochen: im sogenannten Burst-Fill Modus können vier Langworte (à 32 Bit) in minimal fünf Taktzyklen übertragen werden.

Die neuen Merkmale des MC 68 030 müssen natürlich auch durch einen erweiterten Registersatz und zusätzliche Signale unterstützt werden. Beim Registersatz wird die Kompatibilität zum MC 68 020 dadurch gewährleistet, daß lediglich das Cache Control Register (CACR) um Bits erweitert wurde, mit denen der Datencache manipuliert werden kann. Ansonsten wurde der Registersatz nur um die MMU-Register ergänzt.

Zusätzliche Signalleitungen wurden für die Cache-Steuerung, den schnellen synchronen Buszugriff und für Debugging-Zwecke hinzugefügt. Damit hat sich die Gesamtzahl der Anschlüsse, die in einem 13 x 13 Pin-Grid-Array Gehäuse installiert sind, auf 122 erhöht. Grafik 6-2 zeigt die Signalgruppen des MC 68 030. Trotz der geringen Anzahl neuer Pins ist die Pinkompatibilität zum MC 68 020 nicht mehr gegeben. Lediglich 12 Anschlüsse sind identisch angeordnet, so daß der MC 68 030 nur mit einem Adaptersockel in ein 68020-System eingesetzt werden kann.

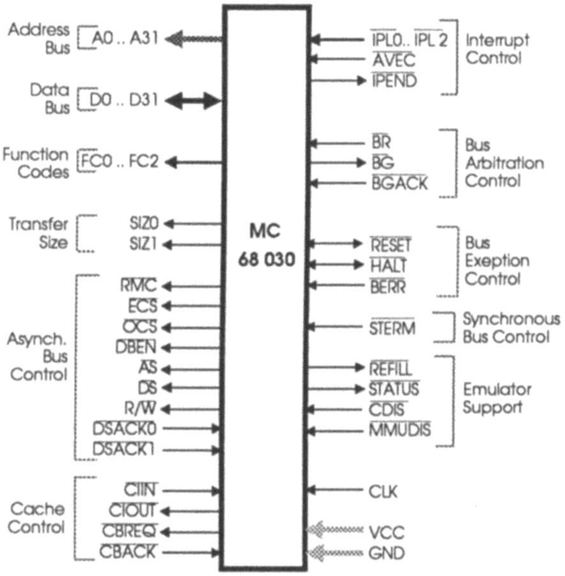

Mit dem MC 68 030 wurde auch der arithmetische Coprozessor von Motorola optimiert. Das Ergebnis, der Floating-Point Coprozessor MC 68 882, wird hier jedoch nicht näher betrachtet.

Grafik 6-2: Signalleitungen des MC 68 030

==
MC 68 040

Mit dem MC 68 040 präsentiert Motorola die dritte Generation der 32-Bit Mikroprozessoren. Vom MC 68 030 unterscheidet er sich im wesentlichen durch die integrierte Verarbeitungseinheit für Gleitkomma-Arithmetik. Diese Einheit ist kompatibel (bzgl. Objekt-Code) zum MC 68 882 Floating-Point Coprozessor. Im folgenden sind einige Hauptmerkmale des MC 68 040 zusammengefaßt:

- integrierte Einheit für Gleitkomma-Arithmetik
- Bus-Monitor für Multimaster- und Multiprozessor-Konzepte
- unabhängige Adressumsetzung für Befehls- und Datenzugriffe
- gleichzeitiger Zugriff auf den Befehls- und Datencache

Grafik 6-3 zeigt ein vereinfachtes Blockdiagramm des MC 68 040. Mit dieser Architektur können Integer- und Gleitkommaoperationen nebeneinander abgearbeitet werden. Dabei wird auch bei der FPU (Floating-Point Unit) ebenso wie bei der IPU (Integer Processing Unit) das Pipeline-Prinzip eingesetzt.

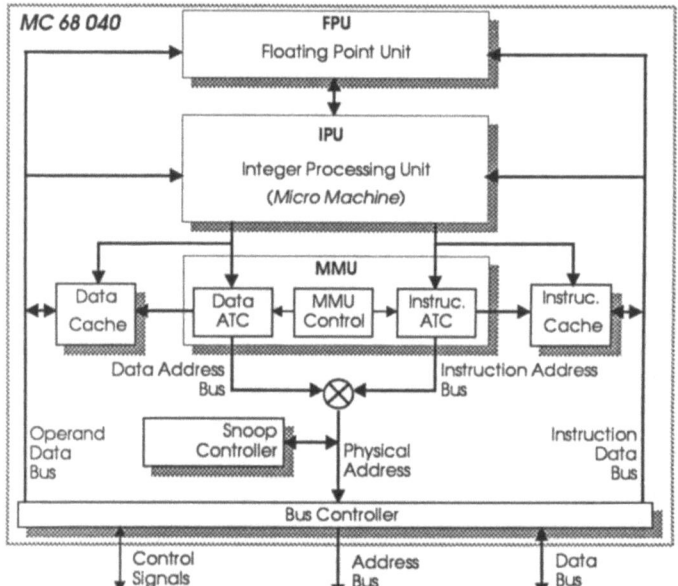

Grafik 6-3: Blockdiagramm des MC 68 040

Da der Befehlssatz des MC 68 030 durch die IPU implementiert wird, ist die Kompatibilität (bzgl. Object-Code) zu den Vorgängermodellen der 68000-Familie gegeben. Die FPU ist Object-Code-kompatibel zu dem MC 68 882 Floating-Point Coprozessor und entspricht dem ANSI/IEEE Standard 754 für binäre Gleitkomma-Arithmetik.

Durch die integrierte FPU werden die häufigen Operation per Hardware und die seltenen Operationen als Software-Emulation ausgeführt.

Die MMU enthält zwei unabhängige ATCs (Address Translation Caches), die gleichzeitig für Befehls- und Datenzugriffe die logischen Adressen in physikalische Adressen umwandeln. Mit den physikalischen Adressen werden die beiden Caches oder der Hauptspeicher adressiert. Befehls- und Datencache sind im Gegensatz zum MC 68 030 im physikalischen Adreßraum angeordnet und werden deshalb auch als physikalische Caches bezeichnet.

Der zusätzliche ´Snoop´-Controller überwacht Datenzugriffe von weiteren Busteilnehmern auf den Arbeitsspeicher (Multimaster- und Multiprozessor-Konzepte). Mit dieser Monitor-Funktion sorgt der ´Snoop´-Controller dafür, daß die Speicherinformation des internen Datencaches mit dem entsprechenden Inhalt des Arbeitsspeichers konsistent gehalten wird.

Eine detailliertere Beschreibung des MC 68 040 ist zur Zeit nicht möglich, da dieser Prozessor sich während der Abfassung dieses Textes noch im Entwicklungs- und Teststadium befindet.

6.2 Computersysteme

Die Entwicklung neuer Mikroprozessoren hat natürlich auch die Hardware-Architektur entsprechender Computersysteme beeinflußt. Dieser Zusammenhang soll am Beispiel des MC 68 030 und der Macintosh-Modellreihe aufgezeigt werden. Dabei wird insbesondere die Architektur der neusten Mac-II Variante (Macintosh IIcx) näher betrachtet.

Seit Herbst 1988 ist das erste Macintosh-Modell mit einem 68030-Mikroprozessor verfügbar. Dieser Macintosh IIx entspricht im Systemaufbau dem Mac-II (vgl. Anhang C). Neben der 68030/68882-Prozessorkonfiguration und der damit gesteigerten Systemleistung stellt das 1.44 MB Diskettenlaufwerk (FDHD - Floppy Drive High Density) die zweite wesentliche Veränderung dar. Ansonsten ist der Mac-IIx mit den gleichen Schnittstellen ausgestattet und kann wie der Mac-II modular konfiguriert werden.

Im Gegensatz zu dieser Modular-Modellreihe ist das zweite 68030-System, der Macintosh SE/30 ein Kompakt-Modell (ähnlich wie der Macintosh Plus). Seine Bauweise im Kleinformat mit integriertem 9´´-Monitor ist in Bild 6-1 dargestellt. Wie beim Mac-IIx ist der MC 68 030 mit 68882-Coprozessor integriert und ein 1,44 MB Diskettenlaufwerk eingebaut. Zur Systemerweiterung wird nicht der NuBus, sondern ein ´030 Direct Slot´-Konzept verwendet. In dem Steckplatz kann eine Erweiterungskarte installiert werden, die direkt auf den Prozessorbus des MC 68 030 zugreift. Mit einer entsprechenden Erweiterungskarte kann beispielsweise ein externer Farbmonitor angeschlossen oder die Verbindung zum Ethernet hergestellt werden.

Bild 6-1: Macintosh SE/30 mit Laserdrucker

Das dritte System mit einem 68030-Prozessor, der Macintosh IIcx, ist ebenso wie der Mac-SE/30 erst seit Frühjahr 1989 verfügbar. Dieses Modell wird im folgenden näher betrachtet.

Macintosh IIcx

Der Mac-IIcx ergänzt die Modular-Modellreihe. Seine Systemarchitektur ist wie die des Mac-IIx vom Mac-II abgeleitet. Allerdings sind im Gegensatz zu den beiden anderen Modellen lediglich drei NuBus-Erweiterungssteckplätze installiert. Dadurch konnte für die Hauptplatine ein platzsparendes Layout entworfen werden, und der Basiseinheit genügten entsprechend kleinere Dimensionen. Bild 6-2 veranschaulicht die kompakte Bauweise der Basiseinheit (H x B x T: 14 x 30 x 36 cm). In dieser Basiseinheit sind neben der Hauptplatine und den Zusatzkarten drei weitere Funktionseinheiten eingebaut: das Netzteil, eine 3.5''-Festplatte und ein 3.5''-Diskettenlaufwerk.

Bild 6-2: Basiseinheit des Mac-IIcx

Die Systemarchitektur des Mac-IIcx entspricht strukturell dem Aufbau des Mac-II. Mit Ausnahme des Diskettenlaufwerks ist die Systemperipherie absolut identisch. Die im Systemkern modifizierten Komponenten sind in der folgenden Aufzählung zusammengefaßt und werden anschließend kurz diskutiert:

- Mikroprozessor: MC 68 030 (MMU integriert)
- Coprozessor: MC 68 882
- Schnittstellenbausteine: IWM durch SIWM ersetzt (1.44 MB Disketten)
- externe Schnittstellen: zusätzlicher DB-19 Stecker zum Anschluß eines externen Diskettenlaufwerks
- Systemerweiterung: drei NuBus-Steckplätze
- ROM-Konfiguration: zusätzlicher SIMM-Steckplatz für optionale Umrüstungen

Weiterhin wurden die 12 Standard-Bauelemente zur NuBus-Ansteuerung durch einen funktionsgleichen ASIC-Baustein ersetzt. Die modifizierte Hauptplatine und die Anordnung der wichtigsten Komponenten sind in Grafik 6-4 dargestellt. Bild 6-3 zeigt eine Aufnahme der Hauptplatine.

Obwohl der MC 68 030 mit einer Standard-Frequenz von 20 MHz und einer maximalen Frequenz von 50 MHz getaktet werden kann, ist die Taktfrequenz beim Mac-IIcx auf 15,7 MHz festgelegt. Dadurch sind sämtliche Schnittstellen- und ASIC-Bausteine des Mac-II einsetzbar, so daß sich die

Computersysteme | 131

Hardware-Kompatibilität relativ einfach herstellen läßt. Bei einer höheren Taktfrequenz müßten zusätzlich entsprechend schnellere Speicherchips eingebaut werden, die zwar verfügbar, aber relativ teuer sind. Diese Designentscheidung hat die Leistungssteigerung gegenüber dem Mac-II auf ca. 20% begrenzt.

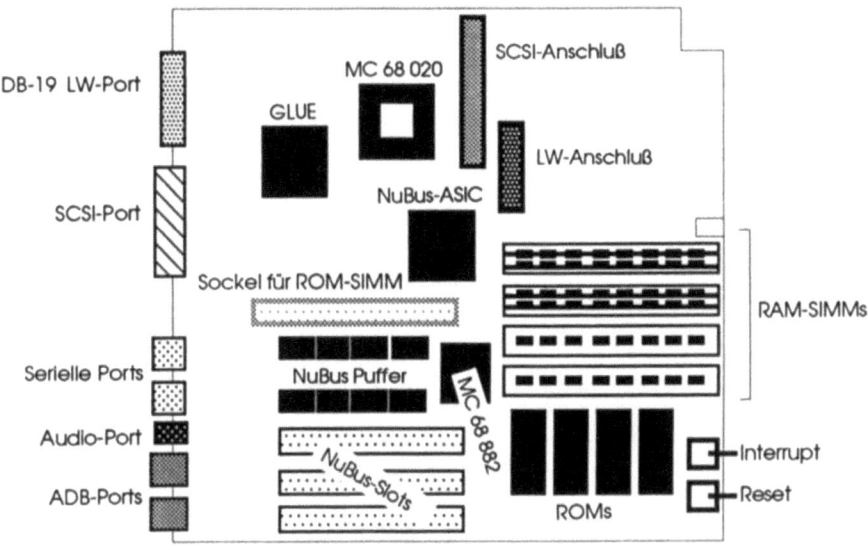

Grafik 6-4: Komponenten der Mac-IIcx Hauptplatinenbestückung

Bild 6-3: Hauptplatine im Gehäuse des Mac-IIcx

Die Kompatibilität zu anderen Computersystemen wird mit Hilfe der SIWM (Super Integrated Woz Machine) erreicht. Mit diesem ASIC-Baustein können nicht nur Macintosh-Disketten im GCR-Format, sondern auch Disketten im MFM-Format bearbeitet werden (vgl. Abschnitt 5.4). Diese Modifikation erlaubt den Zugriff auf 720 KB und 1.44 MB Diskettenformate, die beispielsweise mit MS-DOS- oder OS/2 Betriebssystemen erstellt wurden. Mit Hilfe eines zusätzlichen Dienstprogramms ist damit der Datenaustausch per Diskette (Disketten-Kompatibilität) möglich. Zudem können neben den beiden alten Mac-Formaten (400- und 800-KB Disketten) auch HD-Disketten mit 1.44 MB für das Mac-Betriebssystem verwendet werden.

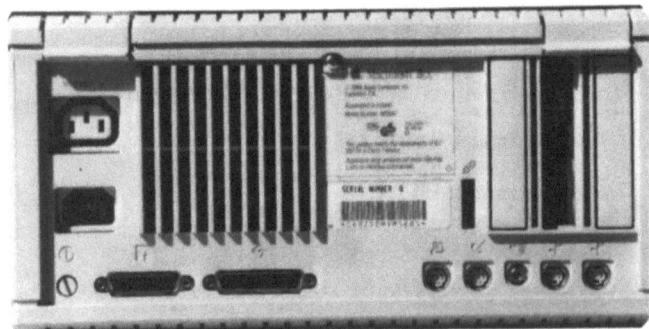

Bild 6-4: Externe Schnittstellen des Mac-IIcx

Die externen Schnittstellen des Mac-IIcx sind zwar anders angeordnet, unterscheiden sich aber lediglich durch einen zusätzlichen DB-19 Stecker zum Anschluß eines externen Diskettenlaufwerks. Bild 6-4 zeigt die Anordnung der externen Schnittstellen auf der Rückseite der Basiseinheit. Für die interne Konfiguration der Basiseinheit sind ebenso wie beim Mac-II acht SIMM-Steckplätze für RAM-SIMMs und ein 50-poliger Stecker zum Anschluß der internen Festplatte vorhanden. Die weiteren internen Schnittstellen unterscheiden sich geringfügig: lediglich drei anstatt sechs NuBus-Steckplätze, nur ein Stecker für ein internes Laufwerk und ein zusätzlicher SIMM-Steckplatz für ein ROM-SIMM. Letzterer kann zur einfachen Umrüstung mit neuen ROMs benutzt werden, falls dies beispielsweise durch eine umfangreiche Änderung des Betriebssystems notwendig wird.

Abschließend werden die technischen Daten des Mac-IIcx zusammengefaßt und mit denen des Mac-II und des Mac-IIx verglichen (Tabelle 6-1).

Mac-II	Mac-IIx	Mac-IIcx	
MC 68 020	MC 68 030	MC 68 030	**Prozessor**
15,7 MHz	15,7 MHz	15,7 MHz	**Taktfrequenz**
MC 68 881	MC 68 882	MC 68 882	**FPCP**
optional MC 68 851	integriert	integriert	**PMMU**
1 MB (bis 128 MB)	4 MB (bis 128 MB)	2 MB (bis 128 MB)	**RAM**
256 KB	256 KB	256 KB	**ROM**
2 serielle RS-422 1 parallele SCSI 1 Audio-Port 2 ADB-Ports	2 serielle RS-422 1 parallele SCSI 1 Audio-Port 2 ADB-Ports	2 serielle RS-422 1 parallele SCSI 1 Audio-Port 2 ADB-Ports 1 DB-19 LW-Port	**externe Schnittstellen**
6 NuBus-Slots	6 NuBus-Slots	3 NuBus-Slots	**Systemerweiterung**
800 KB	1.44 MB (FDHD)	1.44 MB (FDHD)	**Diskettenlaufwerk**
SCSI-Festplatten (40, 80 MB etc.)	SCSI-Festplatten (40, 80 MB etc.)	SCSI-Festplatten (40, 80 MB etc.)	**Festplatte**
je nach Konfig.	je nach Konfig.	je nach Konfig.	**Monitor**
ADB-Type	ADB-Type	ADB-Type	**Maus**
ADB-Type	ADB-Type	ADB-Type	**Tastatur**
Stereoton (44,1 kHz Abtastrate)	Stereoton (44,1 kHz Abtastrate)	Stereoton (44,1 kHz Abtastrate)	**Tongenerator**
AppleTalk integriert	AppleTalk integriert	AppleTalk integriert	**Netzwerksystem**
1987	1988	1989	**Markteinführung**

Tabelle 6-1: Technische Daten der Macintosh II - Modellreihe

Anhang

A : Entwicklungsgeschichte des Macintosh

B : Lösungen ausgewählter Übungsaufgaben

C : Literaturverzeichnis

D : Verzeichnis der Grafiken, Bilder und Tabellen

E : Verzeichnis der Abkürzungen und Akronyme

F : Sachwortverzeichnis

Anhang A:

Entwicklungsgeschichte des Macintosh

Um die geschichtliche Entwicklung der Macintosh-Familie darzustellen, werden auch einige Hintergründe und Zusammenhänge betrachtet, die für die Entstehung des Macintosh und seiner Benutzeroberfläche bedeutsam waren.

1965   Entwicklung der Computersprache **SIMULA** durch die Norweger Ole-Johan Dahl und Kirsten Nygaard; SIMULA ist eine Programmiersprache für Simulationstechnik; die Programmstruktur kann an das jeweilige Problem angepaßt werden; Grundlage von SIMULA war die Programmiersprache ALGOL; SIMULA selbst beeinflußte die Entwicklung von Smalltalk;

1969   Entwicklung des Systems FLEX durch Alan Kay und Edward Cheadle (Universität von Utah); Computersystem, das eine grafik- und simulationsfähige Computersprache unterstützte und sehr einfach zu bedienen war;

1969   Entwicklung von **Maus- und Fenstertechnik** durch Douglas Englebart (SRI Stanford Research Institute);

1971   Arbeiten am **Dynabook-Projekt** durch Dr. Kay (Xerox PARC; Palo Alto Research Center); 3 Grundideen: eine möglichst einfache Kommandosprache, Anwendung der Fenstertechnik und Einsatz der Maus; Kay entwickelte ebenso ein Konzept für überlappende Fenster;

1972   Entwicklung des Alto-Computersystems bei Xerox mit leistungsfähiger Punktrastergrafik, einer Maus mit drei Tasten und einem Betriebssystem mit Fenstertechnik; dieser Computer hatte zwischen 256 und 512 KB RAM und kostete ca. $ 30.000; 1975 Projekt-Präsentation;

1972   Fertigstellung der 1. Version von **Smalltalk** bei Xerox; diese Version war stark vom SIMULA-Konzept beeinflußt; mit einem kleinen Basisumfang an Kommandos sollten komplexe Systeme erstellt werden können;

1973   Verbesserung der Smalltalk-Benutzeroberfläche durch Lawrence Tessler, wobei die Möglichkeiten der Maus ausgiebig genutzt wurden;

1976   Star-Projekt bei Xerox PARC: Entwicklung einer leistungsfähigen Arbeitsmaschine mit Punktrastergrafik; Symbole, die die einzelnen Objekte darstellen, konnten mit der Maus selektiert, bewegt und neu plaziert werden;

1979   Entwicklungsstart für die Projekte Lisa und Macintosh bei Apple Computer;

1983   Einführung des Lisa Office System mit dem Smalltalk User Interface bei Apple Computer; Fenster konnten bei diesem System in ihrer Größe verändert und an jede beliebige Stelle des Bildschirms geschoben werden; weiterhin waren 7 Applikationsprogramme integriert (LisaWrite, LisaCalc, LisaDraw, LisaGraph, LisaList, LisaProject, LisaTerminal); das Lisa-System kostete allerdings $10.000 und war sehr langsam;

Mac

1984 Präsentation des Macintosh-Computers mit dem 68 000-Prozessor, 128 KB RAM und 64 KB ROM sowie einem internen 400 KB-Diskettenlaufwerk und einer optionalen, seriellen 20 MB Festplatte (extern);

1986 **Macintosh 512E:** 68 000-Prozessor, 512 KB RAM und 128 KB ROM und ein internes 800 KB-Diskettenlaufwerk;

1986 **Macintosh Plus:** 68 000-Prozessor, 1 MB RAM, 128 KB ROM, 3.5''-Diskettenlaufwerk (800 KB) und eine parallele Schnittstelle (SCSI-Interface) für eine optionale 20, 40 oder 80 MB Festplatte;

1987 **Macintosh SE:** 68 000-Prozessor, 1 MB RAM, 256 KB ROM, 3.5''-Diskettenlaufwerk (800 KB), optionale interne 20 MB Festplatte und ein Steckplatz für eine Erweiterungskarte (68 000 Bus);

Mac-II

1987 **Macintosh II:** 68 020-Prozessor, 1 MB RAM, 256 KB ROM, Coprozessor (MC 68 881), optionaler Speicherverwaltungsbaustein (MC 68 851), 3.5''-Diskettenlaufwerk (800 KB), interne 40 oder 80 MB Festplatte und 6 Erweiterungssteckplätze (NuBus);

1988 **Macintosh IIx:** 68 030-Prozessor, 4 MB RAM, 256 KB ROM, Coprozessor (MC 68 882), 3.5''-Diskettenlaufwerk (1,4 MB), optional eine interne 40 oder 80 MB Festplatte und 6 Erweiterungssteckplätze (NuBus);

1989 **Macintosh IIcx:** 68 030-Prozessor, 2 MB RAM, 256 KB ROM, Coprozessor (MC 68 882), 3.5''-Diskettenlaufwerk (1,4 MB), interne 40 oder 80 MB Festplatte und 3 Erweiterungssteckplätze (NuBus);

1989 **Macintosh SE/30:** 68 030-Prozessor, 2 MB RAM, 256 KB ROM, Coprozessor (MC 68 882), 3.5''-Diskettenlaufwerk (1,4 MB), interne 40 oder 80 MB Festplatte und ein Steckplatz ("030 Direct Slot") für eine Erweiterungskarte;

Anhang B:

Lösungen ausgewählter Übungsaufgaben

Aufgabe 3-5:
a.)
- Mouse-Event: Anwender hat die Maus bewegt oder eine Maustaste betätigt
- Keyboard-Event: Anwender hat auf der Tastatur eine Taste betätigt
- Disc-Event: eine Diskette wurde in ein Laufwerk eingelegt

Aufgabe 4-1:
vgl. Grafik 4-1

Aufgabe 4-2:
- Prozessorbus: interner Bus; sehr kurze Leiterbahnen (wenige cm); unmittelbare Verbindung von Komponenten mit dem Prozessor; Spezifikation wird durch den Prozessor bestimmt;
- Systembus: interner Bus; kurze Leiterbahnen (einige cm); verbindet Komponenten des Systemkerns; kann als prozessorunabhängige Spezifikation festgelegt sein (z.B. NuBus)
- Peripheriebus: externer Bus; kurze bis mittlere Kabellänge (einige Meter); verbindet periphere Einheiten mit dem Systemkern; oft wird die Spezifikation nach den Geräteschnittstellen ausgerichtet;

Aufgabe 4-3:
- Taktfrequenz: Gibt die Taktrate an, mit der das Schaltwerk betrieben werden kann
- Durchsatz (MIPS-Kenngröße): Gibt die Anzahl der Instruktionen an, die der Prozessor pro Sekunde ausführen kann; oftmals werden für eine Instruktion mehrere Taktzyklen benötigt.
- Wortbreite: wieviele Bits können in einem Arbeitsregister gespeichert und gleichzeitig bearbeitet werden?
- Registersatz: Anzahl, Breite und Verwendbarkeit der einzelnen Register
- Programmierung: mit welchen Datentypen, Adressierungsarten und Operationen kann gearbeitet werden?
- Adress/Datenbus: Anzahl der Leitungen; gemultiplexte oder nicht gemultiplexte Ausführung; Größe des physikalischen Adressraums

Aufgabe 4-4:
a.) Daten- und Adressbus sind nicht gemultiplext.
b.) Der physikalische Adressraum ist 4 GB groß.
c.) Eine Taktung mit 16 MHz ist möglich.
d.) Mit Hilfe von Benchmark-Tests wurde ein Durchsatz kleiner zwischen 2 und 3 MIPS gemessen.
e.) Auf einer Chipfläche von 85 mm^2 sind 19×10^4 Transistoren integriert.
f.) In den Arbeitsregistern werden 32 Bit gespeichert.

Aufgabe 4-5:
Beim MC 68 020 wird jede Maschineninstruktion durch ein entsprechendes Mikroprogramm (Folge von Mikroinstruktionen, die im Mikro-ROM auf dem Chip gespeichert sind) bearbeitet. Die Befehle des Mikroprogramms enthalten u.a. die Adresse von entsprechenden Nanobefehlen. Diese sind im Nano-ROM gespeichert und direkt für die Ausführung verantwortlich.

Aufgabe 4-6:
Reihenfolge entspricht steigendem Abstraktionsgrad: Nanoinstruktion, Microinstruktion, Maschinenbefehl, Assemblerbefehl, Pascal-Statement.

Aufgabe 4-7:
- Funktionsgruppen: Adress-, Daten-, Steuer-, Takt- und Versorgungsleitungen
- Steuerleitungen: Funktionscode, Steuerung externer Elemente, Bus-, Interrupt- und Cache-Steuerung

Aufgabe 4-8:
Bei gleicher Fläche können bei einem PGA-Gehäuse (Pin-Grid-Array) wesentlich mehr Anschlüsse (Pins) als bei einem DIL-Gehäuse (Dual-In-Line) angebracht werden. Nur so war es möglich, den MC 68 020 mit 114 Anschlüssen und einem nicht gemultiplexten Adress/Datenbus von je 32 Leitungen auszustatten.

Aufgabe 4-9:
a.) zeitliche Reihenfolge: Adressen, AS, DSACK, Daten
b.) Das DSACK-Signal (Data Strobe Acknowledge) wird von der adressierten Komponente erzeugt und teilt dem Prozessor mit, daß die gewünschten Daten auf den Bus gelegt werden und mit der nächsten abfallenden Taktflanke übernommen werden können.

Aufgabe 4-10:
Prinzipiell entspricht die Pipeline-Verarbeitung dem Fließband-Mechanismus, d.h. ein häufig auftretender Arbeitsgang wird in mehrere Teilabschnitte zerlegt, die je von einer speziellen Instanz bearbeitet werden. Dabei werden zum gleichen Zeitpunkt unterschiedliche Objekte von den Instanzen verarbeitet. Für das Beispiel Autowaschstraße bedeutet dies, daß gleichzeitig Auto A gewaschen, Auto B gewachst und Auto C getrocknet wird.

Aufgabe 4-11:
Coprozessoren sind auf eine bestimmte Funktion spezialisiert (z. B. arithm. Coprozessor für Gleitkommaoperationen), die sie für die CPU übernehmen und schneller als diese ausführen. Insgesamt kann damit die Systemleistung gesteigert werden, da Prozessor und Coprozessor gleichzeitig bestimmte Aufgaben ausführen.

Aufgabe 4-12:
- Taktzyklus: Zeitdauer einer Periode von einer positiven Taktflanke bis zur nächsten (z.B.: für einen 12.5 MHz Takt beträgt die Taktperiode 80 ns);
- Buszyklus: Signalfolge über mehrere Taktzyklen, mit der ein Schreib/Lesezugriff durchgeführt wird (z.B.: beim MC 68 020 benötigt ein Buszyklus 3 Taktperioden);
- Befehlszyklus: Vorgang zur Abarbeitung eines Prozessorbefehls (holen, dekodieren, ausführen), der u.a. Schreib/Lesezugriffe enthält und damit mehrere Taktzyklen benötigt;

Aufgabe 4-13:
- serielle / parallele Schnittstelle:
  seriell: langsam, geringer Verdrahtungsaufwand, längere Datenübertragungsstrecken
  parallel: schnell, hoher Verdrahtungsaufwand, kurze Datenübertragungsstrecken
- synchrone / asynchrone Schnittstelle:
  synchron: Operationen oder Datenübertragungen werden mit Hilfe eines gemeinsamen Timing-Signals durchgeführt; in einem synchronen System existiert ein konstantes Zeitintervall zwischen zwei aufeinanderfolgenden Ereignissen, die von verschiedenen Teilnehmern ausgeführt werden.
  asynchron: nicht durch ein gemeinsames Timing-Signal synchronisiert

Aufgabe 4-14:
Modem, langsame Drucker und weitere Geräte mit serieller Datenübertragung

Aufgabe 4-15:
Festplatten, Streamer, Schnelldrucker, CD-ROM

Aufgabe 4-16:
Mit der ASIC-Technologie (Application Specific Integrated Circuits) werden ICs nach Kundenwunsch gefertigt, wobei je nach Verfahren (Full-Custom, Semi-Custom) mehr oder weniger auf vordefinierte Strukturen zurückgegriffen wird.

Vorteile: diskreter Schaltungsaufbau mit Standardbausteinen kann in einem Spezialbaustein integriert werden, wodurch der Platzbedarf für die Gesamtschaltung reduziert wird; Schaltungs-Know-How kann ausreichend abgesichert (geschützt) werden

Nachteil: relativ teuer bei kleinen Stückzahlen

Aufgabe 4-17:
Prinzipiell sollte die MMU folgende Aufgaben unterstützen:
- Umwandlung der logischen in die physikalische Adresse, so daß beispielsweise Datenblöcke innerhalb des physikalischen Adreßraumes verschoben werden können, ohne daß sich die logische Adresse ändern muß;
- dynamische Zuteilung von Speicherplatz, so daß sich immer nur die wirklich benötigten Datenblöcke im Hauptspeicher befinden (virtuelle Speicherverwaltung);
- Speicherschutz durch die Definition und Überwachung von Zugriffsrechten auf bestimmte Speicherbereiche.

Aufgabe 4-18:
Festwertspeicher:
a.) ROM, EPROM, EEPROM
b.) Teile des Betriebssystems, ständig benötigte Routinen, Boot-Routinen

Arbeitsspeicher:
a.) RAM
b.) laufende Programme und die dabei benötigten Daten

Aufgabe 4-19:
SRAM: (Statisches RAM)
Speicherzellen werden mit Flip-Flops (mehrere Transistoren) aufgebaut; Information bleibt ohne Refresh-Mechanismus erhalten; relativ hoher Platzbedarf

DRAM: (Dynamisches RAM)
Speicherzelle besteht i.P. aus einem Transistor; Information muß mit einem Refresh- DRAM: (Dynamisches RAM) Speicherzelle besteht i.P. aus einem Transistor; Information muß mit einem Refresh-Mechanismus ständig erneuert werden; geringer Platzbedarf

Aufgabe 4-20:
NuBus:
a.) 96 Leitungen (32 Adr./Daten-, 19 Steuer- und 45 Versorgungsleitungen)
b.) synchron
c.) gemultiplext
d.) dezentrale Busvergabe mit fairer Priorität
e.) max. 16 Teilnehmer
f.) 10 MHz
g.) 5 MB/s - ca. 37 MB/s (Untergrenze bei Bytetransfer; Obergrenze bei Blocktransfer von 16 Langwörtern)

ADB:
a.) 4 Leitungen, wobei lediglich eine Leitung für die Kommunikation verwendet wird
b.) asynchron
c.) gemultiplext
d.) feste zentrale Masterfunktion (Systemkern)
e.) theoretisch bis zu 16 Geräte, aus Leistungsgründen aber nur 6 Geräte anschließbar
f.) 10kHz
g.) 1 kB/s (da 8-Bit mit einem Start- und einem Stop-Bit übertragen werden)

SCSI-Bus:
a.) 50 Leitungen (8 Daten-, 1 Parität-, 9 Kontroll- und 32 Versorgungsleitungen)
b.) asynchron
c.) gemultiplext
d.) dezentrale Busvergabe mit fester Priorität
e.) 8 Controller, an die jeweils 8 Geräte angeschlossen werden können
f.) kein Takt vorhanden (Geschwindigkeit wird durch die Kommunikationspartner festgelegt)
g.) max. 1.4 MB/s beim Mac-II

68 020 Prozessorbus:
a.) 114 Leitungen (32 Daten-, 32 Adreß-, 27 Steuer- und 23 Versorgungsleitungen)
b.) asynchron (synchron ist auch möglich)
c.) nicht gemultiplext
d.) zentrale Kontrolle; Bus kann jedoch auf Anforderung kurzfristig übergeben werden (DMA)
e.) Komponenten des Systemkerns (MMU, FPU, ...)
f.) 16 MHz Standard-Taktfrequenz
g.) ca. 22MB/s bei Schreib/Lesezugriffen von 3 Taktzyklen und der Standard-Taktfrequenz

Aufgabe 4-21:
R(1): BM startet Transaktion und spezifiziert Adresse, Art der Transaktion sowie die Datenbreite
F(1): alle BSs lesen die Adresse und den Transaktionsmodus
R(2): BM nimmt die Adressen, das Start-Signal und den Transaktionsmodus vom Bus; anschließend legt er die Daten auf den Bus und wartet auf das ACK-Signal
F(2) - F(n): der BS liest und übernimmt die Daten
R(n): Der BS legt das ACK-Signal und den Status der Transaktion auf den Bus wenn er die Daten akzeptiert
F(n): Der BM erkennt das ACK-Signal und liest die Status-Information
R(n+1): BM gibt die AD-Leitungen frei; BS nimmt den Statuscode und das ACK-Signal zurück;

Aufgabe 4-22:
a.)

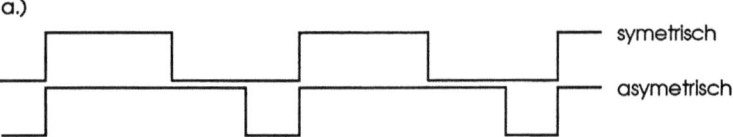

b.) durch einen asymetrischen Taktverlauf wird der Zeitbedarf zur Stabilisierung der Information im Taktsignal berücksichtigt

Aufgabe 4-23:
Die Spezifikation des NuBus ist prozessorunabhängig. Das Bussystem wurde am MIT (Massachusetts Institute of Technology) entwickelt und unter der Schirmherrschaft von IEEE (Institute of Electrical and Electronical Engineers) standardisiert.

Aufgabe 4-24:
Entsprechend der geographischen Slot-Anordnung wird jedem Slot eine ID-Nummer zugeordnet. Damit können die installierten Karten unterschieden werden (geographische Adressierung)

Aufgabe 5-1:
vgl. folgende Übersicht:

	Register	Cache	Hauptspeicher	Massenspeicher	Archivspeicher
a.)					
b.)	~5 ns	~25 ns	~125 ns	25 -80 ms	sec. - min.
	4-32 Register	128B..64KB	64KB..16MB	20MB..500MB	I.P. beliebig
c.)	Prozessor-IC	Prozessor-IC/ Hauptplatine	Hauptplatine	Basiseinheit / ext. Peripherie	ext. Peripherie

Aufgabe 5-2:
- Kapazität: maximal speicherbare Datenmenge (ca. 20 MB - 500 MB)
- Zugriffszeit: Zeitdauer zwischen Anforderung und Bereitstellung der Daten (ca. 10 - 50 ms)
- Übertragungsrate: Datenmenge pro Zeiteinheit (ca. 2 MB/s)

Aufgabe 5-3:
Der Schreib/Lesekopf ist so konstruiert, daß durch die Rotationsgeschwindigkeit der Platte ein Luftpolster zwischen Schreib/Lesekopf und Plattenoberfläche aufgebaut wird.

Aufgabe 5-4:
- Spur: konzentrischer Kreis auf der Platte;
- Sektor: Einheiten auf einer Spur;
- Zylinder: Gesamtzahl der übereinander liegenden Spuren in einem Plattenstapel

Aufgabe 5-5:
- 8425S: 21.3 MB
- ST157N: 512 Byte
- R03110T: 1053 Zylinder
- XT8760S: 15 S/L-Köpfe

Aufgabe 5-6:
Rotationsgeschwindigkeit einer 3.5-Zoll Diskette: ca. 5 km/h
Rotationsgeschwindigkeit einer 5.25-Zoll Festplatte: ca. 50 km/h

Aufgabe 5-7:
- Eingabegeräte: Tastatur, Maus,TouchScreen, Scanner, Digitizer, Grafiktablett, Barcodeleser
- Ausgabegeräte: Monitor, Overhead-Displays, Drucker, Plotter, Diabelichter, Laserbelichter
- Speicherperipherie: Diskettenlaufwerke, Festplatte, Bandlaufwerke, Optische Medien, Wechselplatten
- Kommunikationsperipherie: Netzwerke, Rechneranschluß (Anschluß-HW.: Interface-Karte, Standardschnittstellen, Modem; Informationssystem: Telex, Teletext, Fax, BTX; Funktion: Terminal, Elektronic-Mail)

Aufgabe 5-8:
16 verschiedene Farben können mit 4 Bit codiert werde, folglich muß die theoretische Bildspeicherkapazität mindestens 153,6 KB groß sein (640 x 480 x 4 Bit);

Aufgabe 5-9:
Mit 24 Bit können zwar ca. 4 Giga Farben codiert werden, jedoch können auf einem 1024 x 768 Monitor nur 786432 Farben gleichzeitig dargestellt werden.

Aufgabe 5-10:
Im Video-Ram wird pro Pixel eine Farbcodierung zwischengespeichert (beispielsweise 8 Bit für die Codierung von 256 Farben). Die CLUT (Colour Look-Up Table) ordnet jeder Farbcodierung einen spezifizierten RGB-Farbanteil zu. Bei einer 8 Bit Auflösung pro Farbanteil können damit aus einer Palette von 2^{24} Farben 256 Farben spezifiziert werden.

Aufgabe 5-11:
Horizontale Auflösung: 69 dpi;
Vertikale Auflösung: 69 dpi;

Aufgabe 5-12:
Bei einer Auflösung von 300 dpi wird ca. 1MB Speicher benötigt (bei 600 dpi ca. 4MB)

Aufgabe 5-13:
Durch eine Seitenbeschreibungssprache wird einerseits eine Schnittstelle zwischen Rechner und Drucker festgelegt und andererseits die Druckaufbereitung in den Drucker verlagert, so daß keine Bitmap-Seitenübertragung erforderlich ist.

Aufgabe 5-14:
Die Sicherung dauert ca. 21 min.

Aufgabe 5-15:
Die Datenübertragung dauert ca. 30 sec.

Anhang C: Literaturverzeichnis

Aus Gründen der Übersichtlichkeit wurde im Text auf häufige Literaturverweise verzichtet. Die im folgenden aufgeführten Bücher können zur Vertiefung bzw. Ergänzung des jeweiligen Themas herangezogen werden. Zusätzlich werden einige Fachzeitschriften angegeben, die jedoch die subjektive Auswahl des Autors widergeben. Weitere Informationen über die behandelten Systembausteine können natürlich auch den Datenblättern des jeweiligen Herstellers entnommen werden.

a.) Thema: Aufbau und Arbeitsweise von Rechnersystemen

/a.1/ W. Coy: *Aufbau und Arbeitsweise von Rechenanlagen*; Vieweg-Verlag, Braunschweig, 1988

/a.2/ J. Neuschwander: *Struktur und Programmierung eines Mikroprozessorsystems*; Oldenbourg-Verlag, München, 1988

/a.3/ W. Oberschelp, G. Vossen: *Rechneraufbau und Rechnerstrukturen*; Oldenbourg-Verlag, München, 1986

/a.4/ B. Bundschuh, P. Sokolowsky: *Rechnerstrukturen und Rechnerarchitekturen*; Vieweg-Verlag, Braunschweig, 1988

/a.5/ W. K. Giloi: *Rechnerarchitektur*; Springer-Verlag, Heidelberg, 1981

/a.6/ W. Stallings: *Computer Organization and Architecture*; Macmillan Publishing, New York, 1987

/a.7/ J. P. Hayes: *Computer Architecture and Organization*; McGraw-Hill, Peterborough (NH), 1988

/a.8/ M. Rafiquzzaman: *Modern Computer Architecture*; West Publishing, St. Paul (MN), 1988

b.) Thema: Macintosh

/b.1/ *Technical Introduction to the Macintosh Family*, Apple Computer Inc.; Addison Wesley, Nov. 1987

/b.2/ *Designing Cards and Drivers for Macintosh II and Macintosh SE*, Apple Computer Inc.; Addison Wesley, Juli 1988

/b.3/ *Macintosh Family Hardware Reference*, Apple Computer Inc.; Addison Wesley, Aug. 1988

/b.4/ *Inside Macintosh*, Volumes 1 - 5, Apple Computer Inc.; Addison Wesley, März 1986

/b.5/ *Programmer's Introduction to the Macintosh Family*, Apple Computer Inc.; Addison Wesley, April 1988

/b.6/ *Human Interface Guidelines*, Apple Computer Inc.; Addison Wesley, März 1986

/b.7/ S. Chernicoff: *Macintosh Revealed*, Volume 1 & 2; Hayden Books, 1987

/b.8/ W. Kitza: *Inside HyperCard*; Format Verlag, Köln, 1987

c.) Thema: **MC 68 000 - Familie**

/c.1/ W. Hilf, A. Nausch: *M 68 000 - Familie*, Teil 1 und 2; te-wi Verlag München, 1984

/c.2/ *MC 68 020 32-Bit Microprocessor User´s Manual*, Motorola; Prentice-Hall, 1985

/c.3/ *MC 68 881 Floating Point Coprocessor User´s Manual*, Motorola; Prentice-Hall, 1986

/c.4/ *MC 68 851 Paged Memory Management Unit User´s Manual*, Motorola; Prentice-Hall, 1986

/c.5/ S. Kelly-Bootle: *68 000, 68 010, 68 020 Primer*, Sams Publishing, Indianapolis, 1987

d.) Thema: **Bauelemente**

/d.1/ D. Howell: *IC Master* Vol. 1 & Vol. 2; Hearst Business Communications

/d.2/ P. Ammon: *ASIC-Praxis*; Franzis-Verlag, Müchen, 1989

e.) Thema: **Peripheriegeräte**

/e.1/ W. E. Proebster: *Peripherie von Informationssystemen*; Springer-Verlag, Heidelberg, 1987

/e.2/ J. Schulte-Hillen, U. Schwerhoft: *Optische Speicher*, Klaes, 1986

/e.3/ *Post Script Language Reference Manual*, Adobe Systems, Addison Wesley, 1986

f.) Thema: **Netzwerke**

/f.1/ F. J. Kauffels: *Personal Computer und lokale Netzwerke*; Markt & Technik Verlag, München, 1986

/f.2/ H. Sikora, F. X. Steinparz: *Computer & Kommunikation*; hanser-Verlag, München, 1988

/f.3/ H. P. Blomeyer-Bartenstein, R. Both: *PCs, Minis und Mainframes im Verbund*; Markt & Technik Verlag, München, 1986

g.) **Fachzeitschriften**

- *BYTE*; McGraw-Hill, Peterborough, NH
- *c´t Magazin für Computertechnik*; Heise Verlag, Hannover
- *Design & Elektronik*; Markt & Technik Verlag, München
- *Elektonik*; Hüthig Verlag, Heidelberg
- *IEEE Computer*; IEEE Computer Society, Los Alamitos, CA
- *Informatik Spektrum*; Springer-Verlag, Berlin
- *Macintosh Magazin*; Markt & Technik Verlag, München
- *MACup*; MACup Verlag, Hamburg
- *Mac World*;

Anhang D: Verzeichnis der Grafiken, Bilder und Tabellen

Grafiken:

14	1-1	'Top-Down'-Systembeschreibung eines Mikrocomputers
15	2-1	Computer - Klassifikation
19	3-1	Schichtenmodell eines Computersystems
20	3-2	Hardwarestruktur eines Mikrocomputers
21	3-3	Komponenten des Mac-II Computersystems
23	3-4	Externe Schnittstellen mit Peripherieverbindung
24	3-5	Elemente der Benutzeroberfläche
25	3-6	Software-Architektur des Macintosh
26	3-7	Bausteine der User Interface Toolbox
28	3-8	Komponenten des Betriebssystems
32	4-1	Funktionsgruppen des Systemkerns
33	4-2	Blockdiagramm der Hauptplatine
36	4-3	Komponenten der Hauptplatinenbestückung
37	4-4	Entwicklung der Prozessorfamilien
38	4-5	Gehäuse und Pinbelegung des MC 68 020
40	4-6	Blockdiagramm des MC 68 020
41	4-7	Micro- und Nanocode
42	4-8	Komponenten der Befehlsabarbeitung
44	4-9	Prinzip der Pipeline-Verarbeitung
44	4-10	Befehls-Pipeline beim MC 68 020
45	4-11	Registermodell des Anwenders
45	4-12	Erweitertes Registermodell des Supervisors
47	4-13	Belegung des Statusregisters
49	4-14	Signalleitungen des MC 68 020
51	4-15	Lesezyklus des MC 68 020
52	4-16	Coprozessor Schnittstelle
53	4-17	MC 68 881 Anschluß
55	4-18	Speicherhierarchie
56	4-19	Einteilung des 32-Bit Adreßbereichs
56	4-20	Logische und physikalische Adressen
57	4-21	Einordnung der MMU
57	4-22	24/32-Bit Adreßabbildung
58	4-23	MC 68 851 Anschluß
60	4-24	RAM-Konfiguration
61	4-25	Signalleitungen eines MBit-DRAMs
61	4-26	Blockdiagramm eines MBit-DRAMs
62	4-27	Inhalt und Einteilung des Arbeitsspeichers
63	4-28	Verschiebbare Datenblöcke

Seite	Nr.	Bezeichnung
64	4-29	Prinzipieller Aufbau einer Hardware-Schnittstelle
65	4-30	Asynchrone Datenübertragung
66	4-31	Signalleitungen des R 6522 VIA-Chips
67	4-32	Blockdiagramm des R 6522 Bausteins
69	4-33	Signalleitungen des Z 8530 SCC-Chips
69	4-34	Blockdiagramm des Z 8530 Bausteins
70	4-35	Serielle Anschlußstecker
71	4-36	Komponenten der seriellen Kommunikation
71	4-37	Signalleitungen des NCR 5380 SCSI-Chips
72	4-38	Blockdiagramm des NCR 5380 Bausteins
72	4-39	Paralleler Anschlußstecker
74	4-40	Typischer Aufbau eine Zellen-ICs
79	4-41	Apple Desktop Bus - Konfiguration
79	4-42	ADB-Anschlußstecker
81	4-43	SCSI-Konfiguration
82	4-44	Zustandsphasen beim SCSI-Bus
83	4-45	Aubau des NuBus-Systems
85	4-46	NuBus Timing
86	4-47	Ablauf einer Read-Transaktion
88	4-48	Adressierung der NuBus-Slots
89	4-49	Bus Inteface Unit
89	4-50	Bit Abbildung
95	5-1	Schnittbild einer Taste
96	5-2	Schematische Verbindungsstruktur der Tastatur
96	5-3	Belegung und Codierung der erweiterten Tastatur
97	5-4	Komponenten und Funktionsprinzip der Maus
98	5-5	Komponenten des Videosystems
99	5-6	Blockdiagramm der Grafikkarte
101	5-7	Blockdiagramm des Farbmonitors
103	5-8	Prinzipieller Bildaufbau
105	5-9	Schematischer Aufbau eines Laserdruckers
107	5-10	Magnetisches Speichermedium mit Schreib-/Lesekopf
108	5-11	Organisation einer Platten- bzw. Diskettenseite
110	5-12	Schnittbild einer Festplatte
110	5-13	Oberflächenabstand eines Schreib-/Lesekopfes
112	5-14	Aufbau und Informationsdarstellung einer CD-ROM
112	5-15	CD-Lesezugriff mit einem Laserstrahl
114	5-16	Klassifikation der Verbindungsstrukturen
115	5-17	OSI-Referenzmodell
117	5-18	Beispiel einer LocalTalk Vernetzung
118	5-19	AppleTalk Protokoll-Architektur
122	5-20	Netzwerkkonfiguration mit Ethernet
126	6-1	Blockdiagramm des MC 68 030
127	6-2	Signalleitungen des MC 68 030
128	6-3	Blockdiagramm des MC 68 040
131	6-4	Komponenten der IIcx-Hauptplatinenbestückung

Bilder:

17	2-1	Macintosh II - Computersystem
22	3-1	Aufbau der Basiseinheit
23	3-2	Externe Schnittstellen
36	4-1	Die Hauptplatine
39	4-2	MC 68 020 Chip mit Anschlüssen
39	4-3	Funktionseinheiten des MC 68 020
59	4-4	SIMM mit 8 RAM-Chips
60	4-5	Sockel mit SIMMs bestückt
75	4-6	Layout eines ASIC-Chips
90	4-7	MCP-Karte
96	5-1	Erweiterte Tastatur
98	5-2	Komponenten der Maus
99	5-3	Grafikkarte
101	5-4	Monitor
104	5-5	Nadeldrucker
106	5-6	Laserdrucker NTX
109	5-7	Diskettenlaufwerk
109	5-8	Geöffnete 3-1/2 Zoll Diskette
111	5-9	Komponenten einer Festplatte
129	6-1	Mac SE/30
130	6-2	Basiseinheit des Mac-IIcx
131	6-3	Hauptplatine des Mac-IIcx
132	6-4	Externe Schnittstellen des Mac-IIcx

Tabellen:

16	2-1	Personal Computer vs. Workstations
17	2-2	Spezifikation des Mac-II
48	4-1	Abkürzungen für die Adressierungsarten
54	4-2	Zeitmessung für arithmetische Operationen
70	4-3	Signalleitungen der seriellen Schnittstelle
72	4-4	Signalleitungen der externen SCSI-Schnittstelle
100	5-1	Grafikkarten mit typischen Kenndaten
102	5-2	Farbmonitorbeispiele mit typischen Kenndaten
104	5-3	Technische Daten der Nadeldrucker
106	5-4	Laserdruckerbeispiele mit typischen Kenndaten
111	5-5	SCSI-Festplatten mit typischen Kenndaten
113	5-6	Technische Daten eines CD-ROM Laufwerks
116	5-7	Kennzeichen des LocalTalk - Netzwerksystems
133	6-1	Technische Daten der Macintosh II - Modellreihe

Anhang E:

Verzeichnis der Abkürzungen und Akronyme

ADB	- Apple Desktop Bus
ALU	- Arithmetic Logic Unit
AMU	- Address Mapping Unit
ANSI	- American National Standards Institute
AS	- Address Strobe
ASC	- Apple Sound Chip
ASIC	- Application Specific Integrated Circuit
AT&T	- American Telephone and Telegraph Company
AU	- Aritmetic Unit
A/UX	- Apple Unix
BCD	- Binary Coded Digit
Bisync	- Binary Synchronious Communication
Bit	- Binary Digit
BIU	- Bus Interface Unit
BTX	- Bildschirmtext
CAD	- Computer Aided Design
CAS	- Column Address Strobe
CC	- Condition Code
CCITT	- Comité Consultatif International Télégraphique et Téléphonique
CD	- Compact Disk
CD-ROM	- Compact Disk - Read Only Memory
CD-PROM	- Compact Disk - Programmable Read Only Memory
CD-EPROM	- Compact Disk - Erasable Programmable Read Only Memory
CLUT	- Color Look-Up Table
CMOS	- Complementary Metal Oxide Semiconductor
CPU	- Central Processing Unit
CSMA/CD	- Carrier Sense Multiple Access with Collision Detection
CSMA/CA	- Carrier Sense Multiple Access with Collision Avoidance
CSync	- Composite Synchronization
DAC	- Digital-to-Analog Converter
DIL	- Dual In-Line
DIN	- Deutsche Industrie-Norm
DIP	- Dual In-line Package
DMA	- Direct Memory Access
dpi	- dots per inch (Punkte pro Zoll)
DRAM	- Dynamic Random Access Memory
DTP	- Desk Top Publishing
DÜ	- Datenübertragung
E/A	- Ein- / Ausgabe
ECMA	- European Computer Manufacturers Association
FBC	- Frame Buffer Controller
FDHD	- Floppy Drive High Density

FPCP	- Floating Point Coprocessor
FPU	- Floating Point Unit
GB	- Giga Byte
GByte	- Giga Byte
GCR	- Group Code Recording
GLUE	- General Logic Unit
HCMOS	- High Density Complemantary Metal Oxide Semiconductor
HDLC	- High-level Data Link Control
HSync	- Horizontal Synchronization
HW	- Hardware
IC	- Integrated Circuit
IEEE	- Institute of Electical and Electronics Engineers
ISO	- International Standard Organisation
IWM	- Integrated Woz Machine
KB	- Kilo Byte
KBit	- Kilo Bit
KByte	- Kilo Byte
kHz	- Kilo Hertz
LAN	- Local Area Network
LIFO	- Last In First Out
LW	- Laufwerk
Mac-II	- Macintosh II
MB	- Mega Byte
MBit	- Mega Bit
MByte	- Mega Byte
MC	- Micro Controller
MFM	- Modified Frequency Modulation
MIPS	- Million Instructions Per Second
MHz	- Mega Hertz
MMU	- Memory Managemant Unit
MOS	- Metal Oxide Semiconductor
μC	- Micro Controller
μROM	- Micro ROM
μs	- Micro Seconds
ms	- Milli Seconds
MS-DOS	- Microsoft Disc Operating System
MSI	- Medium Scale Integration
MUX	- Multiplexer
NMOS	- N-Kanal Metal Oxide Semiconductor
NOP	- No Operation Assemblerbefehl
nROM	- Nano ROM
ns	- Nano Seconds
NuBus	- Bussystem von Texas Instruments

OSI	- Open System Interconnection
PARC	- Palo Alto Research Center (Rank Xerox Forschungslabor)
PC	- Program Counter • Personal Computer
PGA	- Pin Grid Array
PIO	- Parallel Input Output
PLA	- Progammable Logic Array
PMMU	- Paged Memory Management Unit
RAS	- Row Address Strobe
RAM	- Random Access Memory
RGB	- Rot, Grün, Blau; additive Farbmischung
Pixel	- Picture Cell (Picture Element)
RLL	- Run Length Limited
ROM	- Read Only Memory
RTC	- Real Time Clock
SCC	- Seriell Communication Controller
SCSI	- Small Computer System Interface
SDLC	- Synchronous Data Link Control
SIMM	- Single In-Line Memory Module
SIO	- Seriell Input Output
SRAM	- Static Random Access Memory
S/W	- Schwarz / Weiß
SW	- Software
TCP/IP	- Transmission Control Protocol / Internet Protocol
tpi	- Tracks per Inch
VIA	- Versatile Interface Adapter
VLSI	- Very Large Scale Integration
VSync	- Vertical Synchronization
WAN	- Wide Area Network
WORM	- Write Once Read Many

Sachwortverzeichnis

A
Ablenkfrequenz
  horizontale 101
  vertikale 101
ADB 79
Address
- Mapping Unit 57
- Translation Cache 128
Adressierungsarten 48
Adreß
- bereich 56
- raum 56
Adressen
  logische 56
  physikalische 56
AMU 57
Anpassung 31
Anwender
- modus 45
- programme 19
Anwendungs-Kompatibilität 121
Anwendungsspezifische Bauelemente 73
AppleShare 121
AppleTalk 116
- Protokoll-Architektur 118
Applikation 71
Arbeits
- platzrechner 16
- register 45
- speicher 59
Arbitration 85
Architektur
  Harvard- 125
  • MC 68 020-Prozessor 40
  • MC 68 030-Prozessor 126
  • MC 68 040-Prozessor 128
  • Megabit-Chip 61
  • Paralleler Schnittstellenbaustein 72
  Protokoll- 115, 118
  • SCSI-Controller 72
  • Serieller Schnittstellenbaustein 69
  • Vielseitiger Schnittstellenbaustein 67
Arithmetische Operationen 54
Arithmetischer Coprozessor 53
ASC 76
ASIC 73
Asynchrone
- Datenübertragung 65

- Schnittstelle 65
ATC 128
Aufzeichnungsverfahren
  • GCR 110
  • MFM 108
  • RLL 108
Ausgabeperipherie 98

B
Bandbreite 101
Basiseinheit 22
Befehls
- abarbeitung 42
- cache 43
- Pipeline 44
- satz 47, 53
- zähler 46
Benchmark-Tests 15
Benutzer
- führung 24
- oberfläche 24
- schnittstelle 24
Betriebssystem 16, 28
Bewertungsprogramme 15
Bild
- aufbau 102
- frequenz 101
- punkt 99
- wechsel 102
Bildschirm
- auflösung 102
- speicher 99
Blockprüfung 70
Bus
- controller 40
- kontrolle 85
- schnittstelle 50
- struktur 50
- system 78
- zyklen 50
- zyklus 43, 50

C
Cache
  Address-Translation- 128
  Befehls- 43
  Daten- 126
- Speicher 43

CD-ROM 112
CLUT 99
Computer
• Bewertungskriterien 15
• Hardwaresicht 19
• Kategorie 15
• Klassifikation 15
  Personal- 16
• Softwaresicht 19
Coprozessoren 51
Coprozessor
- aktivierung 52
  arithmetischer 53
- befehle 52
- schnittstelle 51
CPU 20
CRC 70
CSMA/CA 116
CSMA/CD 115
Custom-Design 73

D
Daten
- Kompatibilität 121
- typen 47
Diskette 109
Diskettenlaufwerk 109
Drucker 103
  Impact- 103
  Laser- 105
  Nadel- 104
  Non-Impact- 103

E
Eingabeperipherie 95
Ereignisse 24
Ereignisgesteuerte Programmierung 24
Erweiterungskarten 90
Ethernet 122
Event Manager 28
Events 24

F
Farb
- monitor 101
- tabelle 100, 102
- tiefe 100, 102
FBC 100
FDHD 129
Festplatte 110
Festwertspeicher 59

Firmware 99
Floating Point Coprozessor 53
Formatierung 108
Funktions
- einheiten 21
    • MC 68 020-Prozessor 40
- gruppen 32
    • Erweiterung 34
    • Schnittstellen 34
    • Speicher 34
    • Verarbeitung 34
    • Verbindung 34

G
Gate-Arrays 73
GCR-Code 77
GLUE 77
Grafikkarte 99

H
Halbleitertechnik 37
Hardware-Kompatibilität 131
Harvard-Architektur 125
Haupt
- platine 32
- speicher 59
Heap 63
Horizontale Mikrocodierung 41
Hypercard 13

I
Impact-Drucker 103
Integrationsdichte 37
ISO/OSI-Referenzmodell 114
IWM 77

K
Kommunikationsperipherie 113
Kompatibilität
  Anwendungs- 121
  Daten- 121
  Hardware- 131
  Medien- 121
  Object-Code- 128
  Pin- 127
Konfiguration
  der Basiseinheit 22
  des Speichers 55
  des Hauptspeichers 59
  des Festwertspeichers 63

L
Laserdrucker 105
LAN 115
Layout 73
Lesezyklus 51
LocalTalk 116

M
Macintosh II
• Spezifikation 17
• Konfiguration 17
Macintosh IIcx 130
Macintosh IIx 129
Macintosh SE/30 129
Magnetische Speichermedien 107
Main event loop 24
Manager 25
Maschineninstruktion 42
Maus 97
MC 68 020 Prozessor 38
MC 68 030 Prozessor 125
MC 68 040 Prozessor 127
Medien-Kompatibilität 121
Memory Manager 28
Memory Management Unit 56
Memory Mapped I/O 56
Menütechnik 97
MFLOPS 15
MFM 108
Micro Machine 40
MIPS 15
Mikrocode 41
  horizontaler 41
  vertikaler 41
Mikrocomputer 16
• Hardwarestruktur 20
• Systemaufbau 14
Mikrocontroller 95
Mikroinstruktion 41
Mikroprogramm 42
Mikroprozessor 20
- baustein 37
MMU 56
Monitor
- auflösung 101
- funktion 128
Multiprocessing 86

N
Nadeldrucker 105
Nano
- code 41
- instruktion 41
- ROM 41
Netz
- schalter 23
- teil 22
Netzwerke 113
  lokale 115
Netzwerk
- system 116
- topologie 115
Non-Impact-Drucker 104
NuBus 83

O
Offene Systemarchitektur 17
Operationen
  arithmetische 54
Optische Speichermedien 112
Organisationsstruktur d. Hauptplatine 32
OSI-Referenzmodell 114

P
Paged Memory Management Unit 58
Parallel
- betrieb 45
- verarbeitung 42
Parallele
- Datenübertragung 64
- Schnittstelle 64
Peripherie
  Ausgabe- 98
- busse 79
  Eingabe- 95
- einheiten 22, 93
- geräte 22, 94
  Kommunikations- 113
  Speicher- 107
Personal Computer 16
Personal Workstation 16
PhoneNet 121
Pipeline-Verarbeitung 44
Pixel 99
PMMU 58
Polling 80
Programm
- entwicklung 19
- zähler 42, 46
Programmierung
  ereignisgesteuerte 24
• MC 68 020-Prozessor 47
Protokoll 114
- software 118

Prozessor 20, 37
  Co- 51
- familien 37
PostScript 105

Q
QuickDraw 26

R
RAM
- Bereich 59
- Chips 59
• DRAM 60
- Konfiguration 59
• SRAM 60
Register
  Arbeits- 45
- modell 45
- satz 45
  Status- 46
  Supervisor- 45
Resource Manager 27
RLL 108
ROM
- Bereich 63
- Chips 63

S
SCC 69
SCSI
- Bus 81
- Controller 71
- Festplatte 111
- Geräte 81
- Host Adapter 71
- Peripherie Adapter 72
- Phasen 81
Schnittstellen 22
- Bausteine 64
  Coprozessor- 51
  Bus- 50
- karten 22
  Mensch-Maschine- 24
  parallele 64
  RS-232C- 65
  RS-422- 70
  serielle 64
  Standard- 22
  V.24- 65
Schreib/Lese-Kopf 107
Seitenbeschreibungssprache 105
Sektor 108

Serielle
- Datenübertragung 64
- Schnittstelle 64
Serieller Schnittstellenbaustein 69
SIMM 59
SIWM 132
Slots 83
Snoop-Controller 128
Software
• Anwenderprogramme 19
- architektur 24
• Betriebssystem 16, 28
• Systemprogramme 19
• Programmentwicklung 19
  Protokoll- 118
Speicher
  Bildschirm- 99
  Cache- 43
- hierachie 55
- kapazität 55
- medien 107, 112
- operationen 55
- organisation 55
- peripherie 107
- typen 55
- verwaltung 56
Speicherung 31
Spur 108
Stack 62
Standard
- Bauelemente 73
- NuBus 83
Statusregister 46
Steuerwerk 44
Supervisor
- Modus 45
- register 45
Synchrone
- Datenübertragung 65
- Schnittstelle 65
System
- aufbau 21
- architektur 21
- beschreibung 14
  Bus- 78
- einheit 21
- erweiterung 83
- kern 20, 31
- peripherie 20
- programme 19
- routinen 24
  Video- 98

T
Tastatur 95
Taste 95
TCP/IP 122
Toolbox 25
Top-Down Systembeschreibung 14
TOPS 121
Transaktion
 ADB- 80
 NuBus- 86

U
Übertragungsmedium 78
User Interface Toolbox 25, 26
User-Modus 45

V
Verarbeitung 31
Verarbeitungsgeschwindigkeit 15
Verbindung 32
Vertikale Mikrocodierung 41
VIA-Schnittstellenbaustein 66
VIA1-Chip 67
VIA2-Chip 68
Video
- karte 98
- RAM 99
- system 98
Visualisierungssoftware 13
Voll-duplex 70

W
Whitney-Technologie 111
Winchester-Technologie 111
Window Manager 27
Workstation 16
WORM 112

Z
Zellenfrequenz 101
Zellen-ICs 74
Zugriffszeit 55
Zylinder 110

68020-Prozessor 38
68030-Prozessor 125
68040-Prozessor 127
68851-PMMU 58
68881-FPCP 53
68882-FPCP 127

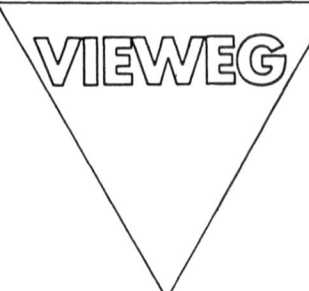

Wolfgang Coy

Aufbau und Arbeitsweise von Rechenanlagen

Eine Einführung in Rechnerarchitektur und Rechnerorganisation für das Grundstudium der Informatik.
1988. X, 275 Seiten. 16,2 x 22,9 cm. Kartoniert.

Inhalt: Ansicht eines Rechners – Schaltungslogik – Digitallogische Schaltungen – Integrierte Schaltungen und einfache Rechnerbausteine – Schaltungen mit Speicherbausteinen – Einfache Zahldarstellungen im Rechner – Aufbau und Arbeitsweise einer Zentraleinheit – Maschinenbefehle und Mikroprogrammierung – Maschinensprache und Assembler – Rechnerarithmetik – Ein-/Ausgabe-Organisation und Ein-/Ausgabe-Schnittstellen – Speicherhierarchie und Zusatzspeicher – Betriebssysteme: Aufgaben – Prozeßverwaltung – Speicherverwaltung/Paging – Betriebssysteme: Befehlsinterpreter – Ausblick – Anhang.

Das Buch ist auf der Basis mehrerer Vorlesungszyklen erarbeitet worden. Es stellt die Inhalte der Grundlagenvorlesung „Struktur und Arbeitsweise von Rechenanlagen", die im Grundstudium Informatik gehalten wird, in didaktisch aufbereiteter Form dar. Konkrete Beispiele sowie Aufgaben und Lösungen ergänzen den Band.

Das Buch gibt eine Einführung in die logischen Probleme, die beim Entwurf von Rechenanlagen auftreten können. Der Leser sollte das Grundwissen über eine problemorientierte Programmiersprache (Pascal) und theoretische Grundlagen der Informatik mitbringen; auch mathematisches Basiswissen aus der Analysis und der linearen Algebra sollte vorhanden sein.

MIX
Papier aus verantwortungsvollen Quellen
Paper from responsible sources
FSC® C105338

If you have any concerns about our products,
you can contact us on
ProductSafety@springernature.com

In case Publisher is established outside the EU,
the EU authorized representative is:
**Springer Nature Customer Service Center GmbH
Europaplatz 3, 69115 Heidelberg, Germany**

Printed by Libri Plureos GmbH
in Hamburg, Germany